DISSERTATION

SUR LA

CONTRAINTE PAR CORPS

SUR SON HISTOIRE

ET SON APPLICATION EN MATIÈRE CIVILE, COMMERCIALE,
ADMINISTRATIVE, MILITAIRE, CONSTITUTIONNELLE, INTERNATIONALE
ET CRIMINELLE,

PAR

DENIS-CHARLES DUVERDY,

Avocat.

Cette Dissertation sera présentée à la Faculté de Droit de Paris
pour l'obtention du grade de Docteur,

Le 8 Décembre 1852, à une heure,

DEVANT

Président.	M. PELLAT, *Doyen.*
Suffragants.	MM. BUGNET, BONNIER, } *Professeurs.* ROUSTAIN, RATAUD, } *Suppléants.*

Paris

IMPRIMERIE DE A. GUYOT ET SCRIBE,

RUE NEUVE-DES-MATHURINS, 18.

1852

DISSERTATION

SUR LA

CONTRAINTE PAR CORPS

SUR SON HISTOIRE

ET SON APPLICATION EN MATIÈRE CIVILE, COMMERCIALE,
ADMINISTRATIVE, MILITAIRE, CONSTITUTIONNELLE, INTERNATIONALE
ET CRIMINELLE,

PAR

DENIS-CHARLES DUVERDY,

Avocat.

———

Cette Dissertation sera présentée à la Faculté de Droit de Paris
pour l'obtention du grade de Docteur,

Le 8 Décembre 1852, à une heure,

DEVANT

Président.   M. PELLAT, *Doyen.*

Suffragants. { MM. BUGNET, BONNIER, } *Professeurs.*
{ ROUSTAIN, RAFAUD, } *Suppléants.*

———

Paris

IMPRIMERIE DE A. GUYOT ET SCRIBE,
RUE NEUVE-DES-MATHURINS, 18.

———

1852

POSITIONS.

———

Droit romain. — 1. Le *nexum* ne constituait ni une *oppignoratio*, ni un *jusjurandum operarum*, ni une *mancipatio* du débiteur.

2. Le créancier n'a jamais pu emmener chez lui le débiteur, qui refusait de le suivre, sans l'intervention du magistrat. Il n'y avait pas de *ductio* privée.

3. Sous Sylla, la loi Pœtilia n'était pas tombée en désuétude, elle subsista jusque sous Auguste.

Droit civil. — 4. N'est pas stellionataire le mari ou le tuteur qui vend des biens grevés de l'hypothèque légale de sa femme ou de son pupille sans déclarer cette hypothèque.

5. La contrainte par corps a lieu pour obtenir le fait matériel du délaissement contre celui qui a été condamné au possessoire, et non pas seulement pour faire payer des dommages-intérêts.

6. Les cautions judiciaires sont contraignables par corps de plein droit, sans qu'il soit nécessaire qu'elles fassent à cet égard une soumission expresse.

7. Le débiteur qui devait plus de 300 fr., et qui a été incarcéré, ne peut pas, lorsque son créancier meurt en laissant un nombre tel d'héritiers qu'en divisant la créance entre eux chacun aurait moins de 300 fr., invoquer le principe de la divisibilité des créances pour obtenir sa liberté et prétendre que, puisqu'aucun des héritiers ne pourrait le faire incarcérer, il doit être élargi.

Droit commercial. — 8. Les commis des négociants ne sont pas contraignables par corps pour les engagements qu'ils contractent au nom de leurs patrons.

9. Les commanditaires et les actionnaires des sociétés anonymes ne sont pas contraignables par corps pour le versement de leur mise.

DROIT ADMINISTRATIF. — 10. Une contrainte administrative peut être décernée contre un mineur.

DROIT MILITAIRE. — 11. Les militaires en activité de service peuvent être contraints par corps.

DROIT CONSTITUTIONNEL. — 12. Les Sénateurs sont aujourd'hui soumis à la contrainte par corps.

DROIT INTERNATIONAL. — Un Français cessionnaire d'un étranger ne peut requérir l'arrestation provisoire du débiteur étranger.

14. Un étranger, même domicilié en France, ne peut faire emprisonner un autre étranger, son débiteur, dans un cas où la loi n'admet pas la contrainte par corps en matière civile.

15. Les consuls, ne participant pas aux immunités diplomatiques, peuvent être emprisonnés pour dettes.

PROCÉDURE. — 16. La boutique d'un restaurateur est un lieu public où la contrainte par corps peut être mise à exécution.

DROIT CRIMINEL. — Lorsqu'un accusé est acquitté de l'action publique et cependant condamné, soit à une restitution, soit à des dommages-intérêts, la contrainte par corps est facultative et non pas impérative.

Vu par le doyen, Président,

C.-A. PELLAT.

Vu par le Recteur de l'Académie de la Seine,

CAYX.

DE LA
CONTRAINTE PAR CORPS.

CHAPITRE Ier.

*De la Contrainte par corps dans l'antiquité et parti-
culièrement à Rome.*

SOMMAIRE.

1. — Séditions causées à Rome par l'exercice de la
contrainte par corps.
2. — De la contrainte par corps dans l'ancienne
Égypte.
3. — De la contrainte par corps dans l'ancienne
Grèce.
4. — Comment se formaient à Rome les relations de
débiteur à créancier dans le droit primitif.
5. — Sens du mot *nexum*.
6. — Effets du *nexum*. — Il ne transfère pas de droit
sur les biens du débiteur. A Rome, il n'y avait
pas dans l'origine d'exécution forcée sur les biens.

7. — Le *nexum* donne un droit sur la personne du débiteur.

8. — Quelle est la nature de ce droit. Opinion des auteurs.

9. — Le *nexum* confère un droit *sui generis*.

10. — *Nexi soluti, nexi vincti.*

11. — Le *nexus solutus* devient *vinctus* volontairement en se livrant au créancier.

12. — Il n'y avait pas de *ductio* privée.

13. — Droits du créancier sur le *nexus*.

14. — Le débiteur refuse de se livrer au créancier. Addiction.

15. — Droits du créancier sur l'*addictus*.

16. — La sévérité de la loi vient du respect des anciens pour la foi promise.

17. — L'*addictus* peut être vendu au-delà du Tibre.

18. — Il peut être tué et son corps partagé entre ses créanciers.

19. — Le plus souvent il est emprisonné.

20. — Comparaison de la position du *nexus* et de celle de l'*addictus*.

21. — Abolition du *nexum* par la loi Pœtilia.

22. — Cette loi établit l'exécution des jugements sur les biens. — *Bonæ copiæ ejuratio.*

23. — L'addiction subsiste contre ceux qui ne veulent pas *bonam copiam ejurare*.

24. — Sylla a-t-il porté une loi pour faire revivre la loi Pœtilia tombée en désuétude?

25. — Sous Auguste le *nexum* était toujours aboli, mai l'addiction subsistait.

26. — Auguste établit la cession de biens.

7 — Formes de la cession de biens.

28. — La loi Julia *de bonis cedendis* avait laissé
subsister l'addiction, qui, à partir de Dioclétien,
devient un moyen coercitif.

29. — Substitution de la prison publique aux prisons
privées.

30. — Serment exigé par Justinien du débiteur qui
fait cession de biens.

1. — C'était un jour de printemps de l'année 495,
avant l'ère chrétienne. Le forum romain était rempli
de peuple; les consuls Servilius et Appius Claudius,
sur leur tribunal, attendaient que les plébéiens vinssent
donner leurs noms, pour s'enrôler contre les Volsques
qui marchaient sur la ville. Déjà les licteurs avaient
plusieurs fois invité le peuple à répondre à l'appel des
consuls et du sénat : le peuple restait calme et impas-
sible; le silence le plus complet régnait dans tout le
forum. La voix des licteurs se fait entendre de nouveau : cette fois, il s'élève de sourds murmures, in-
dices de l'irritation populaire; mais ils s'apaisent
bientôt et la foule reprend son attitude silencieuse.
L'attention de tous se fixe sur une maison voisine du
forum : la porte basse de cette maison roule sur ses
gonds, et un homme s'élance dans les rangs du peuple.
C'est un vieillard, les vêtements en lambeaux, les
cheveux et la barbe en désordre, les traits allongés par
la souffrance, d'une pâleur et d'une maigreur extrêmes.
Tout défiguré qu'il est, on reconnaît sous cet extérieur repoussant un des plus braves centurions de l'ar-

mée. On l'entoure, on l'interroge et on prête une oreille attentive au récit de ses infortunes. Prisonnier pour dettes, il a pu s'échapper de l'*ergastulum* (1) où il était retenu, et il vient implorer la toute-puissance du peuple contre un créancier avide et inhumain. A l'époque de la guerre contre les Sabins, il s'est enrôlé; il n'a pas épargné son sang pour son pays; sa poitrine, couverte de glorieuses cicatrices, témoigne assez de son courage. Mais ses champs ont été ravagés par l'ennemi, ses moissons ont été détruites, sa maison a été incendiée. Occupé à combattre les ennemis de Rome, il n'a pu réparer les désastres qu'il avait soufferts. Il fallait cependant payer l'impôt; il a contracté des dettes; les intérêts se sont accumulés sur les intérêts. Pour satisfaire ses créanciers, il s'est dépouillé d'abord du champ de ses pères; ensuite de ses autres biens; il n'avait plus rien; on a saisi sa personne, on l'a jeté dans un *ergastulum* où il a souffert mille tortures atroces : ses membres portent la marque des supplices qu'il a endurés.

A ce récit l'irritation populaire éclate avec fureur. Une clameur immense remplit le forum et la ville entière : le peuple se répand partout; on brise les *ergastula*, on délivre tous les prisonniers pour dettes. La sédition est à son comble; les consuls et les sénateurs sont obligés de fuir pour laisser la foule s'apaiser d'elle-même.

A quelques jours de là, le consul Servilius publia un édit consulaire qui défendait de retenir en prison un citoyen et de l'empêcher ainsi de s'enrôler; de sai-

---

(1) Prison privée où les créanciers renfermaient leurs débiteurs.

sir ou de vendre les biens d'un soldat tant qu'il serait
à l'armée; enfin d'arrêter ses enfants ou ses petits-
enfants.

Telle fut la plus ancienne sédition occasionnée à
Rome par l'exercice de la contrainte par corps, ou du
moins, si ce n'est pas la plus ancienne, c'est dans
l'ordre des temps la première dont le souvenir et les
détails nous aient été conservés (1).

Quelque temps après, les *ergastula* se remplirent de
nouveau; et comment eût-il pu en être autrement à
une pareille époque, avec une législation qui permettait au créancier de se faire adjuger son débiteur et de
le retenir en prison dans ses propres cachots? Tous les
ans, Rome avait quelque guerre à soutenir contre ses
voisins : tantôt contre les Éques ou les Sabins, tantôt
contre les Volsques ou les Herniques; les champs
étaient dévastés; le plébéien, retenu à l'armée des
consuls, ne pouvait plus cultiver la terre; l'impôt était
toujours rigoureusement exigé. Pour pouvoir l'acquitter, il fallait faire comme le centurion, dont Tite Live
nous a conservé l'histoire; il fallait emprunter, et le
malheureux plébéien, dans l'impossibilité de payer ses
dettes, finissait toujours par se trouver renfermé dans
l'*ergastulum* de quelque créancier patricien.

L'édit consulaire rendu par Servilius n'était qu'une
transaction momentanée, qu'une mesure temporaire
commandée par les circonstances; ce n'était pas un
remède qui pût guérir définitivement le mal, parce
qu'il n'en atteignait pas la cause. Aussi, au bout de
quelque temps, le mal reparut plus violent que la pre-

(1) Tite Live, livre II, ch. 23 et 24.

mière fois. Cette seconde sédition est bien plus cé-
lèbre que la première. Qui ne connaît la retraite
du peuple sur le mont Sacré, l'effroi du sénat, l'apo-
logue de Ménennius, et la création du tribunat du
peuple?

Ainsi, l'exercice immodéré d'une voie d'exécution
des jugements, de la contrainte par corps, a eu pour
conséquence la création de cette magistrature tribuni-
tienne, qui devait avoir une si grande influence sur
les destinées de Rome, et par Rome, sur celles du
monde entier. De petites causes produisent souvent de
grands effets.

2. — A Rome, le corps du débiteur répondait de
l'acquittement de la dette; mais ce n'était pas là une
particularité de la législation romaine; au contraire,
c'était un point de contact avec les législations des
peuples de la Grèce et même de l'Égypte. Cette idée,
que le corps du débiteur est obligé au créancier, et
qu'en cas d'insolvabilité, le créancier peut saisir, pour
se payer, la personne même du débiteur et s'en servir
comme d'une chose, est une idée commune à toutes
les sociétés en enfance.

Nous venons de dire qu'à cet égard, les lois de Rome
avaient des dispositions semblables à celles des lois
égyptiennes. En effet, Diodore de Sicile, nous apprend que le roi Bocchoris établit qu'à l'avenir la fortune seule des débiteurs répondrait des dettes, et qu'on
ne pourrait plus saisir leurs corps : Τὸν δὲ ὀφειλόντων
τὴν εἴσπραξιν τῶν δανείων ἐκ τῆς οὐσίας μόνον ἐποιήσατο,
τὸ δὲ σῶμα κατ' οὐδένα τρόπον εἴασεν ὑπάρχειν ἀγώγιμον (1).

1. Liv. Ier, ch. 79.

Cette loi de Bocchoris fut-elle fidèlement exécutée, et les créanciers cessèrent-ils de réduire leurs débiteurs insolvables en esclavage? C'est ce qu'il ne nous est pas possible de savoir. Toujours est-il qu'il fut un temps où les lois égyptiennes avaient admis la légitimité de l'esclavage des débiteurs.

3. — Chez les Grecs, nous trouvons aussi l'esclaclavage pour dettes, la poursuite sur le corps du débiteur, et des tentatives pour abolir ces voies d'exécution, tentatives semblables à celles de Bocchoris, mais qui, nous le savons d'une manière positive, produisirent, dans une certaine mesure, des résultats efficaces. C'est Solon qui, le premier en Grèce, chercha à assurer au débiteur insolvable la liberté de sa personne. Avant la réforme qu'il fit des lois d'Athènes, les débiteurs engageaient leurs corps pour sûreté des dettes qu'ils contractaient, et s'ils ne pouvaient payer, les créanciers les réduisaient en esclavage ou les vendaient à l'étranger. C'est ce que nous atteste Plutarque dans la vie de Solon (1). Οἱ χρέα λαμβάνοντες ἐπὶ τοῖς σώμασιν, ἀγώγιμοι τοῖς δανείζουσιν ἦσαν, οἱ μὲν αὐτῷ δουλεύοντες, οἱ δ' ἐπὶ τῇ ξένῃ πιπρασκόμενοι. Solon abolit les dettes existantes, et il établit qu'à l'avenir le corps du débiteur ne répondrait plus du payement de la dette. Plutarque nous dit encore (2) : Τοῦτο γὰρ ἐποιήσατο πρῶτον πολίτευμα γράψας τὰ μὲν ὑπάρχοντα τῶν χρεῶν ἀνεῖσθαι, πρὸς δὲ τὸ λοιπὸν ἐπὶ τοῖς σώμασι μηδένα δανείζειν. Diogène Laërce corrobore le témoignage de Plutarque, dans l'article qu'il consacre à Solon. Il s'exprime

(1) Ch. 13.

(2) Ch. 15.

ainsi (1) : Πρῶτον μὲν τὴν (2) σεισάχθειαν εἰσηγήσατο, Ἀθηναίοις τὸ δὲ ἦν λύτρωμα τῶν σωμάτων τε καὶ κτημάτων, καὶ γὲ ἐπὶ σώμασιν ἐδανείζοντο καὶ πολλοὶ δι' ἀπορίαν ἐθήτευον. Diodore est sur ce point d'accord avec Plutarque et avec Diogène Laërce; seulement il prétend que Solon agit ainsi pour suivre l'exemple de Bocchoris. Certainement les mœurs et les lois d'un peuple peuvent avoir de l'influence sur celles de ses voisins; mais, est-ce qu'il ne se peut pas aussi que la même institution se soit développée spontanément chez plusieurs peuples différents? Le développement des sociétés suit partout une marche uniforme, c'est là un point constant aujourd'hui; et cette similitude dans les institutions est un fait tout simple et tout naturel qui se comprend très-facilement, sans qu'il soit besoin, pour l'expliquer, de supposer que les législateurs d'un pays ont imité ceux des autres pays. C'est cependant là l'explication que donnent toujours en pareil cas les auteurs de l'antiquité. Fidèle à cette méthode d'interprétation historique, Diodore prétend que la réforme faite par Solon à Athènes fut inspirée par celle que Bocchoris avait opérée en Égypte. Voici le passage de Diodore (3) Δοκεῖ δὲ καὶ τοῦτον τὸν νόμον ὁ Σόλων εἰς τὰς Ἀθήνας μετενεγκεῖν, ὃν ὠνόμασε σεισάχθειαν, ἀπολύσας τοὺς πολίτας ἅπαντας τῶν ἐπὶ τοῖς σώμασι πεπιστευμένων δανείων. Diodore approuve la mesure prise par Solon; il blâme, au contraire, les autres législa-

(1) T. 1er, 15.

(2) Σεισάχθεια c'est excussio oneris, c'est le mot qui, en grec, correspond à ce que les Romains appelaient *facere novas tabulas*.

(3) Liv. 1er, 19.

teurs de la Grèce qui sont restés fidèles à cette idée primitive que le corps répond de la dette. Il s'étonne que, dans un état où l'on ne peut saisir ni les armes, ni les instruments aratoires des débiteurs, on puisse saisir leur corps. Μέμφονται δέ τινες οὐκ ἀλόγως τοῖς πλείστοις τῶν παρὰ τοῖς Ἕλλησι νομοθετῶν, οἵ τινες ὅπλα μὲν καὶ ἄροτρον καὶ ἄλλα τῶν ἀναγκαιοτάτων ἐκώλυσαν ἐνέχυρα λαμβάνεσθαι πρὸς δάνειον, τοὺς δὲ τούτοις χρησομένους συνεχώρησαν ἀγωγίμους εἶναι. Juste au fond, la pensée de Diodore est trop absolue. Certes, il ne faut pas que l'on puisse poursuivre par corps tout débiteur et pour toute espèce de dettes; mais il en est quelques-unes qu'il faut faire payer à l'échéance par les moyens de contrainte les plus énergiques. Aussi notre législation, qui, comme les lois grecques, ne permet pas de saisir les équipages militaires et les instruments de travail (article 592 Code de procédure), a maintenu cependant la contrainte par corps dans quelques circonstances.

Longtemps avant Diodore, on avait fait les mêmes réflexions que lui, et Démosthènes s'était chargé d'y répondre. Toutefois, nous devons remarquer qu'on ne trouve pas dans ses discours l'idée que le corps répond de la dette, cette idée que le créancier, en réduisant son débiteur en esclavage, acquiert une chose qui est pour lui l'équivalent de la dette qu'on ne lui paye pas. L'esclavage du débiteur insolvable, c'était originairement une *datio in solutum*. Le débiteur donnait son corps en payement, comme la dernière chose dont il pût disposer. Ce n'est pas l'esclavage pour dettes ainsi compris que Démosthènes défend et veut faire maintenir, ce dont il est partisan, c'est l'emprisonnement pour dettes comme moyen de coërcition pour obtenir le payement d'un débiteur de mauvaise volonté.

Nous voyons dans ses ouvrages qu'il a justifié l'exécution sur le corps du débiteur, comme moyen de coërcition en matière de recouvrement des deniers publics et en matière commerciale. Timocrate avait proposé une loi, qui permettait à tout détenteur de deniers publics d'éviter les poursuites pendant neuf prytanies (1), en fournissant caution de payer au bout de cet espace de temps. Rien de plus dangereux pour le crédit public qu'une pareille loi, aussi Démosthènes attaque-t-il vivement Timocrate pour l'avoir proposée; il défend, au contraire, la législation qui existait avant Timocrate et qui permettait d'appréhender au corps tout comptable ou tout fermier public en retard de rendre ses comptes ou de verser l'argent des impôts. « Vous « avez, dit-il aux Athéniens, vous avez une maîtresse « loi, une loi sage s'il en fût, c'est celle qui oblige ceux « qui manient des fonds sacrés ou profanes, de rendre « leurs comptes dans l'assemblée du Sénat, et qui auto- « rise le Sénat, s'il ne le font pas, à leur appliquer les « loix relatives à la rentrée des impôts » (c'étaient cel- les qui ordonnaient l'emprisonnement immédiat des retardataires). Ἔστιν ὑμῖν κύριος νόμος, καλῶς, εἴπερ τις καὶ ἄλλος, κείμενος, τοὺς ἔχοντας τά θ' ἱερὰ καὶ τὰ ὅσια χρήματα καταβάλλειν εἰς τὸ βουλευτήριον, εἰ δὲ μή, τὴν βουλὴν αὐτοὺς εἰσπράττειν χρωμένην τοῖς νόμοις τοῖς τελωνικοῖς. Démosthènes voit les plus grands dangers à désarmer ainsi l'État pour le recouvrement des finances; il se demande comment on pourvoira aux services pu-

---

(1) La prytanie était de trente-cinq jours.

blics, pendant cet intervalle de neuf prytanies, que la loi proposée accorde comme délai de grâce aux débiteurs de l'Etat... Καθιστῶσιν ἐγγυητὰς ἄρχι τῆς ἐνάτης πρυτανείας; Τὰς δ' ὀκτὼ τί ποιήσομεν; εἰπέ, Τιμόκρατες. C'est dans ce discours de Démosthènes contre Timocrate, que l'on trouve aujourd'hui encore la meilleure justification des contraintes administratives dont nous aurons à parler dans le cours de ce travail.

Dans un autre ouvrage, Démosthènes nous apprend qu'en matière commerciale, tout débiteur, soit commerçant, soit armateur, qui ne pouvait payer, était emprisonné jusqu'à libération entière. Comme nous l'avons remarqué plus haut, l'exécution sur la personne même du débiteur ne nous est présentée par Démosthènes que comme un moyen coërcitif. Voici comment il s'exprime au commencement de son discours contre Apaturius : Τοῖς μὲν ἐμπόροις, ὦ ἄνδρες Ἀθηναῖοι, καὶ τοῖς ναυκλήροις κελεύει ὁ νόμος εἶναι τὰς δίκας πρὸς τοὺς θεσμοθέτας, ἐάν τι ἀδικῶνται ἐν τῷ ἐμπορίῳ ἢ ἐνθένδε ποι πλέοντες ἢ ἑτέρωθεν δεῦρο, καὶ τοῖς ἀδικοῦσι δεσμὸν ἔταξε τοὐπιτίμιον, ἕως ἂν ἐκτίσωσιν ὅτι ἂν αὐτῶν καταγνωσθῇ, ἵνα μηδεὶς ἀδικῇ μηδένα τῶν ἐμπόρων εἰκῇ.

Le siècle où vivait Démosthènes, c'est le grand siècle pour la Grèce; c'est le siècle où sa législation nationale est arrivée à son dernier degré de perfection. Si nous voulons constater ce qu'était alors la contrainte par corps en Grèce, nous la trouverons existant comme moyen de coërcition, et seulement en matière commerciale et administrative. Nous ne trouvons plus cet odieux asservissement du débiteur insolvable qui, d'après le témoignage de Plutarque et de Diogène Laërce, était le droit commun avant les lois de Solon. La législation s'est épurée, elle a dépouillé cette barbarie des premiers âges qui consiste à regarder le corps du débiteur comme un bien qui peut appartenir à un autre homme. La civilisation a marché, et l'on a compris que, si dans quelques cas il pouvait être permis de porter atteinte à la liberté individuelle d'un débiteur, ce ne pouvait être que pour triompher de la mauvaise foi et pour obtenir par la menace de l'emprisonnement une exécution exacte des engagements pris.

Au temps de Démosthènes la Grèce en était déjà arrivée au point où est aujourd'hui notre législation. C'est qu'elle était entrée de bonne heure dans la voie du progrès, de l'humanité et de la civilisation. Ce que nous disons ici de la Grèce, nous ne saurions le dire de la législation romaine. Nous avons parlé plus haut de l'emprisonnement des débiteurs et des séditions qu'il causait à Rome; il nous faut maintenant, pour préciser davantage, examiner les rapports des créanciers avec leurs débiteurs, et la position légale de ces derniers en cas d'insolvabilité.

4. — Dans le droit romain primitif, les relations de créancier à débiteur se formaient par l'emploi de certaines paroles et de certains actes, qui, plus tard, sont devenues des formes symboliques, dont l'usage s'est longtemps perpétué. Pour contracter un prêt, l'emprunteur prononçait quelques termes sacramentels et on pesait devant lui, afin d'en constater la valeur, les pièces d'airain qui étaient l'objet du prêt. Lorsqu'un contrat était formé de cette manière, et elle ne pouvait être employée qu'entre citoyens Romains, on disait qu'il était formé *per æs et libram*, et on donnait

au contrat le nom de *nexum*, substantif tiré du verbe *nectere*, qui voulait dire *lier*, *attacher*.

Dans le *nexum per æs et libram*, il y avait deux choses bien distinctes, toutes deux indispensables à la validité de l'engagement; c'étaient d'abord les paroles par lesquelles l'emprunteur s'obligeait à rendre la somme ou l'objet prêté, paroles sacramentelles, fixées à l'avance et auxquelles on ne pouvait changer une syllabe; puis s'accomplissait la seconde partie du *nexum*, c'est-à-dire l'acte juridique du pesage *per æs et libram*. Dans l'origine on pesait effectivement la somme prêtée; plus tard, lorsqu'à la monnaie d'airain on eut substitué de la monnaie d'argent, dont la valeur était indiquée par l'empreinte, lorsqu'on eut *pecuniam signatam*, la balance et la livre d'airain n'intervinrent plus dans le *nexum* que comme symboles de ce qui se pratiquait autrefois. Il n'y avait plus de motifs pour apporter entre les contractants la livre d'airain et la balance; mais, à Rome, on tenait aux anciens usages et souvent on était plusieurs siècles avant de se départir d'une formalité qui n'avait plus de raison d'être. Plus tard, cependant, s'introduisit une nouvelle forme de contracter, qui ne consistait que dans la prononciation de certaines paroles solennelles. Ce fut la stipulation. La stipulation diffère du *nexum* primitif, en ce qu'elle n'a besoin, pour être valable, d'aucun acte juridique analogue au pesage *per æs et libram*, qui s'opère dans le *nexum*.

5. — Le mot *nexum* était un terme générique qui, dans l'origine, s'appliquait à toute espèce d'engagement formé *per æs et libram*; plus tard, on en a restreint l'application à un engagement par lequel le dé-

biteur se liait d'une manière toute particulière vis-à-vis du créancier; mais, avant cette restriction, quelle était l'étendue du sens de *nexum?* Voilà une question qu'il nous est bien difficile de résoudre, puisque déjà les maîtres de Cicéron ne pouvaient se mettre d'accord sur ce point (1). Ainsi, Manilius prenait le mot *nexum* dans le sens le plus large: il disait, par exemple, que la mancipation, cette manière de transférer entre citoyens romains la propriété de certaines choses déterminées, était un *nexum*. Le fameux Scœvola, au contraire, repoussait cette opinion, il se refusait à faire de la mancipation une espèce comprise dans le genre *nexum*. La mancipation et le *nexum* étaient pour lui deux genres distincts. La mancipation transférait la propriété, sans jamais faire naître d'obligation, tandis que le *nexum* créait des obligations sans jamais pouvoir transférer la propriété. De ces deux systèmes, celui de Scœvola nous paraît le plus probable; nous ne pouvons dire davantage sur une question qui divisait les plus célèbres jurisconsultes de Rome, et que, d'ailleurs, il ne nous est pas nécessaire de résoudre, puisque nous n'avons à nous occuper du *nexum* que dans son sens restreint.

6.—On ne peut emprunter qu'à la condition d'avoir du crédit, et on n'a de crédit qu'à la condition d'offrir des garanties à celui qui prête.

Dans l'enfance des nations pauvres, quand le commerce et l'industrie n'ont pas encore enrichi les citoyens, la garantie qui s'offre d'elle-même, c'est le corps du débiteur. A Rome, dans l'origine, il n'en existait pas d'autres; nous ne voyons nulle part d'exé-

(1) Varron, *de lingua Latina*, liv. VII, 105.

cution forcée sur les biens du débiteur; tandis que nous voyons à chaque page de Tite Live ou de Denys d'Halicarnasse des exemples de l'exécution sur la personne. Le plus souvent la loi sanctionne la coutume; lors donc qu'on trouve une loi qui donne au créancier la personne du débiteur en garantie de ce qui est dû, on peut en conclure, sans crainte de se tromper, qu'avant cette loi les débiteurs engageaient conventionnellement leurs corps, ἐπὶ σώμασιν ἰδανείζοντο, selon l'énergique expression des Grecs.

La loi des Douze Tables n'avait pas établi d'exécution sur les biens, mais seulement sur le corps.

Aulu Gelle (1), qui nous a conservé ses dispositions relatives à l'exécution forcée, n'en rapporte aucune qui s'applique aux biens, toutes s'appliquent à la personne. Cependant, quelques auteurs se refusent à admettre qu'avant la loi Pœtilia, il n'y ait pas eu d'exécution sur les biens; nous ne saurions penser qu'avant cette loi il y ait eu deux modes d'exécution forcée concomitants. Il n'y avait que l'exécution sur la personne. Tite Live dit d'une manière positive que la loi Pœtilia établit que ce serait les biens et non pas le corps du débiteur qui formeraient la garantie des créanciers : *pecuniæ creditæ bona debitoris, non corpus obnoxium esset.* Ce texte est formel. Il y a bien un autre texte du même auteur qui peut paraître contraire; c'est celui où Tite Live (2) rapporte l'édit consulaire rendu par Servilius, après la première sédition. Cet édit défendait : *ne quis militis, donec in castris esset, bona pos-*

(1) Liv. XX, ch. 1er.

(2) II, 24.

sideret aut venderet. Mais ce passage s'explique parfaitement si on le rapproche de ce que Gaïus (1) dit de l'*emptio bonorum*. Nous voyons chez cet auteur que cette procédure pouvait avoir lieu contre ceux *qui absentes non defendebantur*. Certes, nous admettons que, avant la loi Pœtilia, on pouvait saisir les biens de ceux qui évitaient les poursuites personnelles dirigées contre eux; mais nous disons qu'on n'agissait sur les biens que lorsqu'on ne pouvait pas agir sur le corps. Probablement, d'avides créanciers en étaient arrivés à prétendre qu'on pouvait vendre les biens d'un débiteur enrôlé dans l'armée, en disant que celui qui était sous les drapeaux *absens non defendebatur*. Peut-être même avaient-ils saisi les biens des soldats. Servilius voulut empêcher le renouvellement de ces vexations; son édit ne peut avoir eu une autre portée. D'après cet édit, les soldats ne devaient pas être considérés comme *absentes et indefensi ;* on les considérait comme présents, comme prêts à accepter jugement; et alors, si le consul dit qu'on ne pourra saisir leurs biens, c'est donc qu'on ne pouvait saisir ceux des débiteurs présents à Rome, auxquels l'édit assimilait les soldats. D'ailleurs, les jurisconsultes (2) ne nous parlent d'exécution sur les biens que dans les cas où il y a impossibilité soit physique, soit légale, d'exécuter sur la personne. Nous ne pouvons donc admettre qu'avant la loi Pœtilia il y ait eu deux modes d'exécution parallèles, simultanés et abandonnés au choix du créancier, l'un sur les biens, l'autre sur la per-

(1) Com. III, § 77 et *seq.*

(2) Gaïus, *loc., cit.*

sonne; surtout lorsque nous voyons, que du temps de Gaïus encore, ce n'était que dans des cas exceptionnels que l'exécution forcée avait lieu sur les biens. Nous nous appuyons sur ce que dit Gaïus de la *bonorum emptio*, parce qu'en droit romain, il ne pouvait y avoir de saisie partielle, à moins qu'un contrat de gage ne fût intervenu, ce qui est une hypothèse toute particulière.

7. — Avant la loi Pœtilia, c'est donc le corps du débiteur qui répond de la dette, et si tel est le mode d'exécution sanctionné par la loi, c'est que, dans l'usage, la personne du débiteur se trouvait obligée par les conventions des parties. Voici ce qui avait lieu: le prêteur et l'emprunteur faisaient entre eux un contrat de *nexum per œs et libram* : l'effet incontestable de ce contrat était de donner au créancier un droit sur la personne du débiteur. Mais quelle était la nature de ce droit? et comment s'exerçait-il? Ce sont là des questions obscures et sur lesquelles il y a de nombreuses divergences d'opinions.

Saumaise (1) pense que le droit du créancier sur la personne du débiteur était un droit de gage, M. Sell, que le débiteur engageait ses services, *operas suas*, jusqu'à ce que, par son travail, il eût acquitté sa dette; M. Puchta, que le débiteur vendait sa personne, et M. Bonjean ajoute *et familiam suam*.

L'opinion de Saumaise ne nous paraît guères soutenable. Comment, en effet, se constituait le gage dans l'ancien droit romain à l'époque où le *nexum* était en usage? Il se constituait par une translation de pro-

<hr>

(1) Voy. son Traité *de modo usurarum*, Lugd. Bat. 1639, ch. 13, p. 838.

priété de la chose engagée, soit par mancipation, soit par *cessio in jure* (1); mais si le débiteur eût mancipé ou cédé *in jure* sa personne, le créancier eût acquis la propriété immédiate de son débiteur, *quia nulla legis actio prodita est de futuro* (2). En effet, on ne pouvait faire de mancipation ou de cession *in jure* conditionnelles. Que, si l'on dit que le débiteur *nexus* était esclave de droit, libre de fait, qu'il se mancipait pour se donner en gage, mais que, provisoirement, il gardait la possession de soi-même, afin d'en faire tradition au créancier s'il ne le payait pas, nous demanderons ce que c'est qu'un créancier gagiste qui n'a pas la possession du gage à lui donné. Évidemment, les choses ne se sont jamais passées ainsi, surtout si l'on remarque que les vieux Romains ne se contentaient pas de la possession du gage, mais s'en faisaient transférer la propriété. Il faut donc rejeter l'opinion de Saumaise, qui prétend que le débiteur se donnait en gage : s'il se fût donné en gage, il eût été *in mancipio creditoris* dès le moment du contrat de *nexum*, et nous voyons souvent les débiteurs en liberté après le contrat formé.

M. Sell, s'appuyant sur un texte de Varron (3), pense que le débiteur engageait seulement ses services, *operas suas*. Varron dit, en effet : *Liber qui suas operas in servitute, pro pecunia quam debet, dat dum solveret, nexus vocatur (ut ab aere obaeratus)*. Ce texte peut faire croire, en effet, qu'il s'agit ici de quelque chose d'analogue aux *operae officiales* que l'esclave,

(1) Gaïus, II, 59.

(2) Vat., Frag., § 19, et Papinien, liv. LXXVII, *de Reg. Juris.*

(3) *De lingua Latina*, VII, 105.

avant son affranchissement, promettait à son maître qui allait devenir son patron. Mais ce qui prouve qu'il ne faut pas voir, dans ce passage, un simple engagement de services ; ce qui prouve que l'état du débiteur se rapprochait beaucoup plus de celui d'un esclave que de celui d'un homme libre qui a seulement engagé ses services, ce sont ces mots *in servitute*. Le débiteur était bien libre encore, il n'était pas esclave dans le sens juridique de l'expression, mais dans certaines occasions il était esclave de fait, comme nous le verrons plus loin ; et cet esclavage de fait portait avec lui certaines incapacités du genre de celles qui frappent chez nous le failli et qui frappaient chez les Romains celui contre lequel avait lieu la *bonorum emptio* : son *existimatio* était atteinte par l'effet du contrat de *nexum*.

M. Puchta (1), allant plus loin que Saumaise et que M. Sell, pense que le débiteur se vendait au créancier par le contrat de *nexum*, et M. Bonjean croit qu'il vendait aussi *familiam suam*, c'est-à-dire ses enfants et ses biens. Pour soutenir cette opinion, il faut nécessairement adopter le système de Manilius sur les rapports du *nexum* et de la mancipation ; il faut admettre que le *nexum* pouvait non seulement créer des obligations, mais opérer translation de propriété. Nous avons dit que l'avis de Scœvola, qui refuse de confondre le *nexum* et la mancipation, nous paraissait plus probable que celui de Manilius ; nous ne saurions donc voir dans le *nexum* une vente de la personne du débiteur. De plus, si le débiteur se fût mancipé lui seul, ou bien lui et sa famille, comme la man-

<hr>

(1) Cours d'instituts.

cipation ne pouvait avoir lieu *ex tempore*, il eût passé immédiatement dans le *mancipium* du créancier. On ne pouvait sortir du *mancipium* que par une manumission ; il eût donc fallu que le créancier, payé à l'échéance, affranchît son débiteur, et le résultat du *nexum* eût été de placer dans la même situation juridique le débiteur qui s'acquitte de sa dette et celui qui n'y satisfait pas. Et puis on peut se demander comment le débiteur *in mancipio* eût pu s'acquitter de sa dette. Il s'opérait entre le *dominus* et la personne *in mancipio* la même confusion d'intérêts qu'entre le maître et l'esclave, car les effets de la mancipation d'une personne libre ou esclave étaient les mêmes, comme nous l'apprend Gaïus (1) : et cela devait être, puisque l'un et l'autre étaient choses *mancipi*. Donc, si le débiteur se fût mancipé au moment du *nexum*, il serait entré dans la personne juridique de son créancier, devenu son maître, et alors les rapports de créancier à débiteur eussent été impossibles entre eux. En pressant l'opinion que nous combattons, on arrive à cette conclusion impossible que le *nexum* faisait naître des rapports de débiteur à créancier qui étaient détruits immédiatement par la mancipation contenue dans le *nexum*. Il faut donc reconnaître que le *nexum* ne contenait pas de vente de la personne du débiteur.

9. — Mais alors si le droit que le *nexum* conférait au créancier n'était ni un droit de gage, ni un droit à des services, ni un droit de puissance dominicale, qu'était-ce donc? Nous croyons que c'était un droit *sui generis*. Nous ne savons pourquoi on a cherché

(1) Com. 1, § 117 et 120..

à faire produire à un contrat tout particulier les effets
d'autres actes juridiques. On veut qu'il produise les
effets de *l'oppigneratio*, du *jusjurandum operarum* ou
de la mancipation, pourquoi? Est-ce qu'il ne se peut
pas que ce contrat, qui ne ressemble à aucun autre
acte, ait des effets à lui particuliers? C'est là l'explication qui nous paraît la plus naturelle et la plus
vraie en même temps.

Nous avons remarqué plus haut que le mot *nexum*
avait deux sens, l'un large, l'autre restreint ; que dans
son sens large il signifiait tout engagement contracté
per æs et libram; que dans son sens restreint il signifiait un certain engagement, contracté aussi *per æs et
libram*, mais dont l'effet était de donner au créancier
un droit tout particulier. Pour qu'un tel effet fût produit, il fallait que les parties contractantes ajoutassent
aux paroles sacramentelles quelques mots destinés à
indiquer que leur volonté était de donner au créancier un droit sur le corps de son débiteur. Le texte
même de la loi des Douze Tables prouve que les parties pouvaient faire toutes les conventions qu'elles
voulaient : CUM NEXUM FACIET MANCIPIUMQUE UTI
LINGUA NUNCUPASSIT ITA JUS ESTO. C'est le principe
de l'article 1134 du Code Napoléon : Les conventions
légalement formées tiennent lieu de loi à ceux qui les
ont faites. Les parties étaient donc libres de donner au
créancier sur son débiteur un droit dont les résultats
étaient réglés par la loi ; elles devaient employer pour
cela quelque formule solennelle. Nous ne savons quelles
étaient les expressions usitées dans cette circonstance,
mais voici à peu près comment les choses devaient se
passer. L'emprunteur, après s'être engagé envers le

créancier, et après lui avoir promis de lui restituer la somme prêtée, disait : *Et ni solvam, caput meum tibi obnoxium esto*, ou bien quelqu'autre phrase ayant le même sens. Alors, un lien d'une nature toute particulière rattachait le débiteur au créancier. C'est le débiteur engagé de cette façon que l'on désignait spécialement par l'épithète de *nexus*.

10. — Nous croyons que le droit conféré au créancier ne pouvait et ne devait s'exercer qu'en cas de non payement. En effet, qu'était-ce que ce droit ? Une garantie fournie par le débiteur. Or, il est de l'essence des garanties de ce genre de ne produire d'effets contre le débiteur que s'il ne paye pas à l'échéance; jusqu'à la réalisation de cette éventualité, toutes choses doivent rester en l'état. Il en était ainsi à Rome : ce qui nous le prouve, ce sont ces expressions que l'on trouve dans plusieurs passages de Tite Live (1) : *Nexi soluti, nexi vincti*. Les *nexi soluti*, ce sont les débiteurs qui ont présenté leur corps en garantie, mais pour qui le moment de l'échéance n'est pas encore arrivé, et qui, par conséquent, ne sont pas au pouvoir du créancier; les *nexi vincti*, ce sont ceux qui sont soumis à ce pouvoir, parce qu'ils n'ont pas payé leur dette à l'époque fixée par la convention.

11. — Le *nexus solutus* jouissait de la plénitude de ses droits, seulement il était menacé d'être *vinctus* s'il ne payait pas. En effet, si au jour de l'échéance il ne pouvait satisfaire son créancier, il avait deux partis à prendre : ou se livrer volontairement au créancier, ou résister.

____

(1) Notamment liv. II, ch. 23.

S'il se livrait volontairement au créancier, il devenait son esclave, non pas à perpétuité, mais pendant un
espace de temps déterminé probablement par la convention ou l'usage, peut-être par la loi. Mais on ne
disait pas qu'il était *servus*, on disait qu'il était *in servitute*. Cette différence d'expression était très signifi-
cative; elle indiquait que le *nexus*, quoiqu'esclave momentanément, devait revenir à la liberté, ou plutôt
qu'il n'avait pas perdu la qualité d'homme libre. Après
l'expiration du temps fixé il reprenait sa place dans
la cité; mais tant qu'il était *in servitute* il n'était pas
considéré comme ingénu. C'est ce que nous apprend
Tite Live lorsqu'il dit que le jeune Publilius, *qui se ob
œs alienum paternum in nexum dedisset*, repoussa les
infâmes conditions de son créancier Papirius, parce
qu'il était *ingenuitatis magis quam praesentis condi-
tionis memor*. Il appert de ce passage que l'état du
nexus était affecté en droit pendant sa servitude de
fait ; autrement comment expliquer les expressions de
Tite Live, qui nous présente Publilius comme privé de
son ingénuité. Nous devons encore remarquer ici que
Publilius *se in nexum dedisset*; il s'était livré lui-même
au créancier Papirius pour acquitter les dettes de son
père. Ce que dit Tite Live dans ce passage vient à l'appui de l'opinion que nous avons émise, à savoir que
le *nexus* se livrait de son propre mouvement à son
créancier.

12. — Ainsi, le débiteur insolvable qui, dans le contrat, a dit à son créancier, *corpus meum obnoxium
esto*, peut se livrer volontairement au créancier. M. Gi-

raud (1) pense que le créancier pouvait emmener chez lui le débiteur et le placer *in servitute*, même contre sa volonté et sans intervention du magistrat. Il reconnaît au créancier un droit de *ductio* privée. Nous savons que les créanciers patriciens étaient impitoyables pour leurs débiteurs insolvables; il nous paraît cependant impossible que la loi ait accordé au créancier le droit de se faire ainsi justice par ses propres mains contre un débiteur qui n'était pas lié par une décision judiciaire, mais seulement par la convention. Ceci paraît surtout impossible lorsqu'on se reporte à la partie de la loi des Douze Tables relative à l'addiction. On y voit que le créancier ne pouvait pas emmener chez lui le débiteur qui avait été condamné ou qui avait avoué sa dette en justice sans l'avoir conduit devant le magistrat, *deinde manus injectio esto, in jus ducito;* et il aurait pu se passer de l'intervention de l'autorité publique contre un débiteur qui niait la dette ou qui refusait de reconnaître cette manière de *pactum adjectum* qui engageait son corps! Non, il n'est pas possible que ce droit de *ductio* privée ait pu s'exercer sans l'assentiment du débiteur. Pour défendre son opinion, M. Giraud s'appuie surtout sur un texte, tiré de Denys d'Halicarnasse, qui ne nous paraît rien moins que concluant. Cet auteur, parlant de l'édit de Servilius, dit que le consul défendit qu'on pût emmener *in servitute* un citoyen pour une dette particulière, jusquà ce que le sénat ait prononcé; μηδένα τῶν δανειστῶν ἐξεῖναι σῶμα. Πολιτικὸν πρὸς ἴδιον χρέος ἄγειν, ἕως ἂν ἡ βουλὴ περὶ αὐτῶν διαγνοίη (2).

____

(1) Mém. de l'Acad. des sciences morales et politiques, t. V, 1847. — Mém. sur la condition des débiteurs chez les Romains, p. 468.

(2) Denys, VI, 23.

Rien n'indique ici que l'intervention de l'autorité publique n'était pas nécessaire lorsque le créancier voulait emmener son débiteur *in servitute*. Denys dit seulement que le droit de *ductio* fut suspendu, mais il ne dit pas si c'est la *ductio* privée ou la *ductio* ordonnée après une comparution devant le magistrat. Qu'est-ce qui prouve que ce n'est pas de cette dernière dont il a voulu parler? Certainement, la position des débiteurs romains était bien cruelle; mais il ne faut pas nous l'exagérer par la supposition du droit le plus odieux qui ait jamais existé, du droit de *ductio* privée.

13. — Le créancier ne pouvait donc emmener son débiteur *in servitute* que lorsque ce dernier se livrait à lui. Lorsque le débiteur s'était livré, le créancier acquérait sur lui le même droit que sur ses esclaves; il pouvait le faire travailler, et c'est ce qui devait arriver le plus souvent. En effet, Varron dit que le *nexus suas operas in servitute dat*. Il pouvait aussi l'emprisonner, le charger de chaînes et même lui faire subir des tourments corporels; mais ceci devait se présenter moins fréquemment. Cependant, parmi les créanciers, il se trouvait des hommes inhumains qui traitaient ainsi leurs débiteurs, et parmi les débiteurs, il se trouvait quelquefois des hommes opiniâtres qui refusaient de travailler pour leurs créanciers, et qui rendaient nécessaire l'emploi de pareils moyens.

14. — Si le débiteur ne voulait pas se livrer *in servitute*, nous avons dit qu'il avait un autre parti à prendre, c'était celui de la résistance. Alors le créancier s'adressait au magistrat, devant lequel il amenait son débiteur. Un procès s'engageait, et si le débiteur était condamné par le juge, soit sur son propre aveu, soit

sur les preuves fournies par son créancier, ce dernier
le saisissait en observant les formalités d'une procédure particulière que l'on nommait la *manus injectio*.
On revenait alors devant le préteur *qui addicebat* le
débiteur au créancier. Ce que devenait l'*addictus*,
nous le savons par la loi des Douze Tables, dont le
texte, sur ce point, nous a été conservé par Aulu-Gelle.
Voici le passage où cet auteur parle de l'addiction :
« Confessi igitur æris ac debiti judicatis trigenta dies
sunt dati, conquirendæ pecuniæ causâ quam dissolverent ; eosque dies decemviri *justos* appellaverunt, velut
quoddam justitium, id est, juris inter reos quasi inter-
stitionem quamdam et cessationem. Quibus diebus nihil
cum his agi jure posset. Post deinde, nisi dissolverent,
ad prætorem vocabantur. Nervo quoque aut compedi-
bus vinciebantur. Sic enim sunt, opinor, verba legis :
ÆRIS. CONFESSI. DEBITI. Q. JURE. JUDICATIS. TRIGENTA.
DIES. JUSTI. SUNTO. POST. DEINDE. MANUS. INJECTIO.
ESTO. IN. JUS. DUCITO. NI. JUDICATUM. FAXIT. AUT.
QUIS. ENDO. AN. JURE. VINDICIT. SECUM. DUCITO. VIN-
CITO. AUT. NERVO. AUT. COMPEDIBUS. QUINDECIM.
PONDO. NE. MINORIBUS. AUT. SI. VOLET. MAJORIBUS. VIN-
CITO. SI. VOLET. SUO. VIVITO. NI. SUO. VIVIT. QUI. EM.
VINCTUM. HABEBIT. LIBRAS. FARRIS. IN. DIES. DATO. SI.
VOLET. PLUS. DATO. Erat autem jus interea paciscendi,
ac, nisi pacti forent, habebantur in vinculis dies sexa-
ginta. Inter eos dies, trinis nundinis continuis, ad prætorem in comitium producebantur, quantæque pecuniæ
judicati essent, prædicabatur. Tertiis autem nundinis
capite pœnas dabant, aut trans Tiberim peregre venum
ibant. Sed eam capitis pœnam sanciendæ, sicut dixi,
fidei gratia horrificam atrocitatis ostentu novisque ter-

roribus metuendam reddiderunt. Nam si plures forent, quibus reus esset judicatus, secare si vellent atque partiri corpus addicti sibi hominis permiserunt. Et quidem verba ipsa legis dicam. . . . .
TERTIIS, inquit, NUNDINIS. PARTIS. SECANTO. SI. PLUS. MINUS. VE. SECUERUNT. SE (sine). FRAUDE. ESTO. »

15. — Telles étaient les conséquences de l'*addictio*, elles étaient terribles, car le créancier avait le droit de tuer son débiteur ou de le vendre à l'étranger si personne ne se présentait pour acquitter sa dette, ce qui arrivait bien rarement. Cependant il n'est pas sans exemple qu'à une des trois expositions faites du débiteur sur le forum, un citoyen se soit présenté pour le libérer. Ainsi, l'histoire nous offre l'exemple du fameux agitateur Manlius Capitolinus. Il est vrai que c'était l'ambition bien plutôt que la générosité qui le faisait agir. Il vendait son patrimoine pour payer les dettes des *addicti*, afin de fortifier sa popularité et de se frayer la route du trône. Il disait qu'il se dépouillait, « *Ne quem vestrûm, Quirites, donec quidquam in re mea supererit, judicatum addictum ve patiar* (1) » Le jour de son jugement il fit comparaître plus de quatre cents citoyens, *quos addictos duci prohibuisset*. Mais si personne ne se présentait pour libérer l'*addictus*, il subissait sa destinée.

16. — On peut se demander pourquoi la loi était si rigoureuse contre le débiteur. Nous remarquerons que l'*addictio* n'avait lieu que contre le débiteur qui résistait, contre celui qui ne voulait pas vendre son patrimoine pour s'acquitter ou qui ne voulait pas se

____
(1) Tite Live, VI, 14 et 20.

mettre pendant quelque temps *in servitute creditoris*. La loi voulait punir la mauvaise foi, de là sa sévérité. C'est que si les engagements ne sont pas exécutés avec loyauté, il n'y a pas de société possible. Aussi Cicéron disait-il : (1) *Nulla res vehementius rem publicam continet quam fides ; quæ esse nulla potest, nisi erit necessaria solutio rerum creditarum.* Ne pas reconnaître ses engagements, se refuser à les exécuter, c'était porter atteinte à la bonne foi qui était la base de la société romaine, c'était un délit contre la chose publique. Aulu-Gelle dit dans le passage précité que la peine capitale, prononcée par la loi des Douze Tables, avait été établie *sanciendæ fidei causa.* Les Romains professaient un respect extrême pour la bonne foi, et ils cherchaient tous les moyens qui pouvaient en empêcher la violation. Et lorsqu'un des vieux moyens destinés à assurer la stricte exécution des conventions venait à disparaître, ils s'écriaient comme Tite Live à propos de la loi Pœtilia (2), dont nous allons bientôt parler : *Victum eo die ingens vinculum fidei.* La disposition de la loi des Douze Tables relative à *l'addictio,* avait pour but de punir un délit public tout en venant en aide au créancier. En effet, si à l'expiration des délais légaux, un arrangement amiable n'était pas intervenu, si personne n'avait payé la dette, la loi ordonnait la mort du débiteur ou bien sa vente au-delà du Tibre. Que le créancier choisît l'un ou l'autre de ces moyens, le débiteur était toujours retranché de la *Civitas Romana.* Rarement on devait lui donner la

---

(1) De Officiis, II, 24.

(2) Tite Live, VIII, 28.

mort, car en le tuant le créancier se fût privé du prix qu'il pouvait retirer d'une vente faite au-delà du Tibre.

17. — La vente se faisait probablement sur le Janicule ; cette coline est souvent désignée chez les vieux Romains par ces expressions : *trans Tiberim*. Le Janicule était un lieu consacré aux dieux, il était en face du Forum où les citoyens exerçaient leurs droits d'hommes libres et de Romains. De l'endroit où on le vendait aux étrangers, *l'addictus* pouvait voir le Forum dont il était exclu à jamais et dont l'entrée était réservée à des hommes plus dignes que lui de la liberté et du titre de citoyen romain.

Ce qui peut paraître étonnant, c'est que le créancier ait eu le droit de vendre ainsi un citoyen ; si l'effet de *l'addictio* avait été de rendre le débiteur esclave, tout s'expliquerait de soi. Mais *l'addictus*, s'il n'avait plus la liberté de fait, n'en restait pas moins, tant qu'il était aux mains du créancier, homme libre et citoyen. C'est ce que prouve le passage suivant de Quintilien : *Servus, cum manumittitur, fit libertinus ; addictus, recepta libertate, est ingenuus. Servus invito domino libertatem non consequetur, addictus solvendo citra voluntatem consequetur ;* en droit, il est donc libre : *ad servum nulla lex pertinet, addictus legem habet,* il est donc citoyen ; *propria liberi, quæ nemo habet nisi liber, prænomen, nomen, cognomen, tribum, habet hæc addictus,* il n'est donc pas sorti de sa famille. Mais lorsque tous les délais étaient expirés et que le créancier voulait user des voies de droit que les Douze Tables mettaient à sa disposition, un changement subit s'opérait : *l'addictus* perdait la liberté et la cité, il devenait esclave comme ceux qui avaient refusé de s'enrôler ou qui ne s'étaient

pas fait inscrire au cens; on les traitait comme esclaves puisqu'eux-mêmes s'étaient assimilés aux esclaves.
Cette fiction nous est décrite par Cicéron, qui se de-
mandait pourquoi dans quelques occasions on vendait
comme esclaves des hommes libres, quoique ce fût défendu par la loi. Voici comment il s'exprime : (1)

« .... Jam populus quum eum vendidit, qui miles
factus non est, non adimit ei libertatem, sed judicat,
non esse eum liberum, qui, ut liber sit, adire pericu-
lum noluit : quum autem incensum vendit hoc judicat :
quum is, qui in servitute justa fuerit, censu liberetur,
eum qui, quum liber esset censeri noluerit, ipsum sibi
libertatem abjudicasse. » Probablement il eût fait une
réponse du même genre s'il se fût posé la question pour
l'*addictus*.

18. — On pouvait donc vendre l'*addictus*, on pouvait aussi le tuer. Si on adoptait ce dernier parti et
qu'il y eût plusieurs créanciers, la loi prescrivait le
partage du corps du débiteur entre eux : TERTIIS. NUN-
DINIS. PARTIS. SECANTO. Ce texte a été l'objet de bien
des discussions; on s'est demandé si on devait le prendre à la lettre ou au figuré. Quelques personnes se sont
refusé à admettre qu'il s'agît d'un partage matériel
des membres du débiteur; elles ont cherché à donner
d'autres explications tant de ce texte que des passages
des anciens auteurs qui expriment la même idée. Mais
l'accord unanime de Quintilien, de Dion Cassius,
d'Aulu-Gelle et de Tertullien, ne peut laisser place au
doute; ce qui est surtout concluant, ce sont les paroles

____
(1) *Pro Cæcina*, ch. 31.

de Dion Cassius (1). Après avoir rapporté la disposition de la loi, il prend soin de dire, pour qu'on ne soit pas tenté de regarder comme une fable une loi si rigoureuse et si cruelle : Καὶ τοῦτο μὲν εἰ καὶ τὰ μάλιστα ἐνενόμιστο, c'est-à-dire : et cela était très bien écrit dans la loi. Mais il se hâte d'ajouter : ἀλλ' οὔτι γε καὶ ἔργῳ ποτὲ ἐγεγόνει. Aulu-Gelle non plus ne connaissait pas d'exemple de l'application de cette loi barbare. Aujourd'hui il est hors de conteste qu'il faut prendre au propre les termes de la loi des Douze Tables. L'opinion contraire, soutenue par Bynkershoek et Berriat-Saint-Prix, a été dernièrement abandonnée par M. Giraud. Nous ne nous arrêterons donc pas plus longtemps sur ce point.

19. — Nous savons que les créanciers n'usaient pas du droit de tuer leurs débiteurs *addicti;* ils ne devaient guères user davantage du droit de les vendre, mais ils les retenaient prisonniers dans leurs *ergastula,* et les débiteurs, contre qui on n'exécutait pas à la rigueur les prescriptions de la loi des Douze Tables, ne pouvaient se plaindre. Dans les *ergastula* on les astreignait souvent à travailler; quoiqu'ils ne fussent pas *in servitute* comme les *nexi,* leur position n'était pas préférable. En droit, ils étaient toujours classés parmi les hommes libres, tandis que les *nexi* étaient momentanément rangés parmi les esclaves; mais souvent les *nexi* jouissaient d'une liberté de fait que ne connaissaient pas les *addicti* toujours emprisonnés. A certaines époques, le nombre des *addicti* fut considérable, surtout au moment de la grande lutte entre-

---

(1) Éd. Gros, tom. 1er, p. 20.

prise par les plébéiens pour obtenir l'égalité civile et l'égalité politique. Les chefs de la multitude, habiles à saisir tout ce qui pouvait l'exciter contre les patriciens, ne manquaient jamais de remettre sous ses yeux l'état des malheureux débiteurs et la cruauté des patriciens. Aussi Tite Live, faisant parler Licinius Stolon, lui fait-il dire (1) : « An placeret, fœnore circumventam plebem potius, quam sorte creditum solvat, corpus in nervum ac supplicia dare? et gregatim quotidie de foro addictos duci? et repleri vinctis nobiles domos? et ubicunque patricius habitet, ibi carcerem privatum esse? »

20. — Maintenant que nous avons vu les effets du *nexum* et de l'*addictio*, nous ne croyons pouvoir mieux caractériser leur position qu'en disant que les *nexi* étaient les débiteurs qui, s'étant soumis à une contrainte conventionnelle, ne s'opposaient pas à l'exercice du droit qu'ils avaient eux-mêmes conféré à leur créancier, et que les *addicti*, au contraire, étaient les débiteurs qui s'étaient opposés à l'exercice de ce droit, ou bien encore ceux qui se trouvaient obligés par corps en vertu d'une disposition de la loi, et qui contestaient le droit du créancier; alors intervenait contre eux une décision judiciaire que le préteur faisait exécuter en prononçant le *jussus ducere*.

21. — Aucune législation n'est immuable; toutes se modifient avec le temps, parce que les institutions d'une époque ne conviennent plus à une autre. Lorsque tout est mûr pour un changement, un événement qui, dans d'autres circonstances, aurait passé ina-

____

(1) Tite Live, VI, 36.

perçu, détermine quelquefois une commotion vio-
lente. C'est ce qui arriva à Rome vers l'année 336
avant Jésus-Christ. Les créanciers patriciens avaient
abusé de la contrainte par corps conventionnelle ; ils
ne gardaient aucune mesure avec les débiteurs plébéiens qui se donnaient à eux *in servitute*. Ils se
croyaient encore aux premiers jours de la République ;
mais les temps avaient marché, les plébéiens avaient
acquis, par l'adoption de la proposition Terentilla et
par la publication des Douze Tables, l'égalité civile, et
par la loi Licinia l'égalité politique. Ils étaient les
égaux des patriciens, et cependant, si quelques uns
d'entre eux étaient obligés de se donner *in servitute*,
on les traitait toujours comme des esclaves. L'abus du
nexum devait amener son abolition. C'est ce qui arriva, en effet. Un jeune plébéien dont nous avons
déjà parlé, Publilius, s'était donné en *nexum* à Papirius, créancier de son père ; il était *in servitute*. Papirius le regarda alors comme un de ses esclaves, et
dans l'antiquité la vie et l'honneur des esclaves appar-
tenaient au maître. Le créancier crut pouvoir disposer
du jeune *nexus*. Tite Live (1) nous dit : *florem
ætatis ejus fructum adventitium crediti ratus, primo
pellicere adolescentem sermone incesto est conatus.*
Publilius s'échappa, vint tout raconter au forum : le
peuple se souleva, et la ville fut encore une fois en
proie à une formidable sédition. Pour l'apaiser, il
fallut abolir le *nexum*. On délivra tous les *nexi* qui
étaient *in servitute*, on délia de leurs engagements
ceux pour qui le moment de l'échéance n'était pas

______
(1) VIII, 28.

arrivé, et on défendit dans l'avenir au créancier d'exiger une garantie sur le corps du débiteur : *cautumque in posterum ne necterentur, nectierque postea desitum est.* Ainsi la conduite de Papirius qui, un siècle auparavant, n'eût amené probablement que la libération de Publilius, produisit un effet tellement important, que Tite Live le présente comme une nouvelle conquête de la liberté : *Eo anno plebi Romanae velut aliud initium libertatis fuit.* Il ne restait plus aux plébéiens qu'à obtenir le partage du pontificat, et le moment n'était pas éloigné où ils allaient y arriver.

La loi qui abolit le *nexum* est appelée loi Poetilia, du nom de son auteur ou de celui d'un des magistrats sous l'administration desquels elle fut rendue. Du reste, peu importe : ce sont ses dispositions dont nous devons surtout nous occuper. Nous venons d'en rapporter déjà quelques unes d'après Tite Live et Cicéron. Ainsi dorénavant on ne dit plus dans le *nexum*, ni *solvam corpus meum tibi obnoxium esto;* mais à cette garantie qu'exigeaient les créanciers, il fallut en substituer une nouvelle sous peine de rendre les emprunts impossibles. Ce furent les biens qui répondirent de la dette : *Pecuniae creditae bona debitoris non corpus obnoxium erit.*

22. — Jusqu'alors il n'y avait pas eu d'exécution sur les biens, si ce n'est sur ceux des absents et des *indefensi;* la loi Poetilia permit de saisir ceux des débiteurs présents; mais il fallait saisir l'ensemble du patrimoine et non pas quelques objets isolés. Le préteur prononçait une *missio in possessionem;* ensuite le créancier mettait les biens à vendre, c'était la *proscriptio,* et ils se vendaient au plus offrant et dernier

enchérisseur, c'était l'*emptio bonorum*. Le détail de cette procédure n'est pas de notre matière ; nous nous contentons donc d'en indiquer les principales phases.

Dans tous les cas où précédemment le débiteur *nexus* se donnait *in servitute* à son créancier, on agit désormais sur ses biens ; mais il fallait que le débiteur les indiquât tous au créancier, il fallait qu'il y eût bonne volonté de sa part ; s'il résistait, alors le créancier pouvait l'amener *in jus* et obtenir le *jussus ducere*, non plus en vertu de la convention, mais en vertu de la loi. En effet, Varron (1) nous dit : *Hoc C. Pœtilio auctore Visolo dictatore sublatum ne fieret et omnes qui bonam copiam ejurarent, ne essent nexi, dissoluti.* Ce que signifient au juste ces expressions *bonam copiam ejurare* ou *jurare*, comme veulent quelques éditeurs, c'est ce que l'on ne sait pas d'une manière positive ; il y a bien des controverses à cet égard. Nous pensons que la loi Pœtilia voulait que le débiteur poursuivi mît à même ses créanciers de se payer sur ses biens, que le mot *copia* doit être pris ici dans le sens qu'il a, lorsque le poëte dit : *sit tibi copia fandi.* Mais quelle était la procédure qui s'observait en pareille circonstance ? Le débiteur prêtait-il un serment, n'en prêtait-il pas ? Ce sont là des questions impossibles à résoudre. Tout ce que nous croyons pouvoir affirmer, c'est que la vente avait lieu sur la personne du débiteur, et que, lorsque *bonam copiam ejurabat*, il ne se désaisissait pas de ses biens, qu'il ne les abandonnait pas, comme cela eut lieu plus tard dans la cession de biens. Aussi son *existimatio* était atteinte, et Tertullien, parlant de la suppression de l'exécution sur le corps du débiteur dit (1) : *in pudoris notam capitis pœna conversa est.*

23. — Le principal effet de la loi Pœtilia fut de substituer le *juramentum bonæ copiæ* à la tradition volontaire que le débiteur faisait de son corps *in servitute.* Par cette tradition il évitait l'addiction ; depuis la loi Pœtilia on l'évita par le *bonæ copiæ juramentum.* Mais l'addiction subsista toujours, car nous ne pouvons admettre, comme Van Heusde (2), que la loi dont nous parlons ait aboli l'addiction. On trouve tant d'exemples d'addiction chez les anciens auteurs, après l'époque où cette loi fut rendue, qu'on est étonné de voir un savant jurisconsulte soutenir une telle opinion. L'addiction subsista contre les débiteurs, qui ne voulaient pas remplir les conditions prescrites par la loi Pœtilia ; elle subsista aussi contre ceux qui étaient débiteurs, en vertu d'une cause autre qu'un *nexum*, car la loi des Douze Tables avait établi l'addiction contre tout débiteur, quelle que fût la cause de sa dette.

Si on admet, comme nous, que la loi Pœtilia ait établi la *missio in possessionem*, la *proscriptio* et *l'emptio* des biens du débiteur, on peut se demander pourquoi Gaïus, lorsqu'il énonce les cas où *l'emptio bonorum* peut avoir lieu, ne parle pas de cette loi. Nous ferons remarquer que Gaïus parle du cas de cession de biens et qu'il ne pouvait parler de la loi Pœtilia, qui n'existait plus, puisque sous Auguste elle avait été remplacée par la loi Julia, sur la cession de biens, comme nous allons le dire tout à l'heure.

(1) *Apolog.*, 4. — V. Gaïus, III, 154.
(2) *Diss. hist. jurid. de lege Pœtilia.* Utrecht, 1841, p. 44 et suiv.

24.—Mais auparavant nous devons signaler l'opinion de certains auteurs qui pensent que, sous la dictature de Sylla, il fut rendu une loi favorable aux débiteurs, dont le but était de faire revivre la loi Pœtilia tombée en désuétude. Pour que nous nous rangeassions à cette opinion, il faudrait deux choses : d'abord qu'il fût prouvé que la loi Pœtilia n'a pas été constamment observée, ensuite que Sylla a réellement porté la loi dont on parle. Pour prouver que la loi Pœtilia est tombée en désuétude, on invoque un passage où Salluste fait parler les complices de Catilina : ils se plaignent de la manière dont le préteur leur rend la justice, et ils disent : *Neque cuiquam licuit more majorum lege uti, neque amisso patrimonio liberum corpus habere, tanta sævitia fœneratorum atque prætoris fuit;* mais c'est là le langage de conjurés qui trouvent tout mal dans l'état et qui voudraient tout bouleverser. Ils comprennent mal les lois ou feignent de ne les pas comprendre, pour avoir un texte à leurs déclamations ; ils désirent que la loi accorde à ceux qui ont dissipé leurs biens, le droit de contracter impunément des dettes, sans qu'on puisse faire prononcer une addiction contre eux ; et, cette loi qu'ils désirent, ils s'imaginent qu'elle existe déjà et qu'elle est violée ; du moins, ils le disent, pour exciter ceux qui les écoutent et pour s'attirer ainsi des partisans. Mais est-ce là un passage qui établisse que la loi Pœtilia est tombée en désuétude? Nous ne saurions le croire. D'un autre côté, pour prouver que Sylla a rendu une loi analogue à la loi Pœtilia, on prend le texte de Varron, que nous avons déjà cité, on le corrige et on y introduit le nom de Sylla. Cette correction est-elle autorisée par quelque raison qui doive la faire accepter, nous avouons que nous l'ignorons complétement, et nous sommes tenté de dire, comme Saumaise (1) : *de Sylla dictatore nugæ.*

25. — Du temps d'Auguste, la loi Pœtilia était donc encore en vigueur, et c'était elle qui prohibait la contrainte par corps conventionnelle. C'est Cicéron qui nous le dit (2) : *nectierque postea desitum.* Si la loi avait cessé d'être exécutée, il eût fait mention de son inobservation; au contraire, il dit que, depuis qu'elle a été rendue, on a cessé d'engager son corps par le contrat de *nexum.* Mais, comme nous l'avons déjà remarqué, l'addiction subsistait, et elle était prononcée, non seulement à Rome, contre ceux qui avaient succombé à Rome dans des *judicia legitima*, mais même par les magistrats locaux, dans quelques cas déterminés par les lois municipales. C'est ce que nous voyons dans la loi de la Gaule cisalpine (3) : « Quoique quomque II vir III vir præfec. ve ubei j. d. p., is cum quei ita quid confessus erit, neque id solvet satisve faciet, cum quei se sponsione judiciove, uteive oportebit, non defenderit, aut in jure non responderit, neque id solvet satisve faciet, t. p., quanta ea pecunia erit, de qua tum inter eos ambigetur, dum t. HS. XV, s. f. s, duci jubeto; queique eorum quem, ad quem ea res pertinebit, duxserit, id ei fraudi pœnæve ne esto. »

26. — Auguste voulut faire, pour les débiteurs malheureux et de bonne foi, qui, aux termes des lois, pouvaient être livrés par addiction à leurs créanciers,

---

(1) *De modo usurarum*, ch. 18, p. 381.

(2) *Respublica*, II, 35.

(3) Ch. 21, Egger. *Reliqua vet. jur. rom. scrmonis*, p. 311.

quelque chose de semblable à ce que la loi Pœtilia avait fait pour les *nexi*. Alors fut rendue la loi Julia *de bonis cedendis*. Elle avait pour but de venir en aide seulement aux débiteurs malheureux et de bonne foi ; car, ceux qui s'étaient mis, par dol, dans l'impossibilité de satisfaire leurs créanciers, ne pouvaient invoquer le bénéfice de cette loi (1). La loi Julia fournissait le moyen d'éviter l'addiction ; elle avait encore une autre utilité, c'est qu'elle évitait au débiteur l'infamie qui frappait toujours celui dont les biens étaient saisis et vendus par ses créanciers. En effet, celui qui faisait cession se dépouillait de ses biens, ce n'était pas sur lui qu'on les vendait ; aussi était-ce avec raison que l'empereur Alexandre disait dans une de ses constitutions de l'an 224 : *Debitores, qui bonis cesserint, licet ex ea causa bona eorum venierint, infames non fiunt* (2). Sous ce rapport, la loi Julia était plus large que la loi Pœtilia, qui avait laissé subsister contre ceux dont on vendait les biens l'espèce d'infamie, qui, autrefois, avait atteint les *nexi in servitute*.

Lorsque les biens cédés étaient insuffisants pour payer tous les créanciers, le débiteur n'était pas plus libéré par la cession, que ne l'était en pareil cas celui dont on avait saisi et vendu les biens. Tant qu'il n'avait pas acquis de nouveaux biens, on ne pouvait le poursuivre de rechef, car il eût fait tomber les poursuites en opposant l'exception *nisi bonis cesserit* (3). Mais, quand il avait acquis de nouveaux biens, on pouvait

(1) L. 51, ff de re jud., et L. 25, § ult. ff quæ in fraud. cred.

(2) L. 11, Cod. ex quib. caus. infamia irrogatur.

(3) L. 3. Cod. de bonis auct. jud.

agir contre lui, puisqu'il n'était pas libéré. L'empereur Alexandre dit en effet (1) : *Qui bonis cesserint, nisi solidum creditor receperit non sunt liberati. In eo enim tantummodo hoc beneficium eis prodest, ne judicati detrahantur in carcerem.* Toutefois, lorsque les créanciers agissaient contre un débiteur qui précédemment avait fait cession de biens, ils ne pouvaient le priver du bénéfice de compétence, c'est-à-dire du droit de n'être condamné que dans la limite de ses ressources : *Is qui bonis cessit, si quid postea acquisierit, in quantum facere potest convenitur* (2).

27. — Comment se faisait la cession de biens? Il fallait que le débiteur ne cachât aucun de ses biens, par conséquent il devait toujours *bonam copiam ejurare*, quoique les textes du droit classique ne lui en fissent pas une obligation. D'ailleurs, pourvu qu'il indiquât intégralement toute sa fortune à ses créanciers, il n'était pas astreint à procéder d'une façon plutôt que d'une autre; en effet : *bonis cedi non tantum in jure, sed etiam extra jus potest : et sufficit ut per nuntium vel per epistolam id declarari* (3).

28. — Depuis la loi Pœtilia, l'addiction avait subsisté avec tous ses effets; la cession de biens, tout en fournissant un moyen de l'éviter, ne l'abolit pas, et on la retrouve pendant toute la période du droit classique et même dans le droit byzantin. Elle s'exerçait toujours suivant les prescriptions de la loi des Douze Tables. Le créancier obtenait du préteur le *jussus ducere* et

(1) L. 1, Cod. *qui bonis cedere possunt.*

(2) L. 4, Prox. ff *de cessione bonorum.*

(3) L. ult. ff *de cessione bonorum.*

emmenait son débiteur chez lui où il l'incarcérait et le
torturait pour l'amener à payer. Cet état de choses
dura jusqu'au règne de Dioclétien. Sous ce prince fut
rendue une constitution (1) qui défendit que les *addicti* fussent traités comme esclaves. *Ob æs alienum
servire liberos creditoribus jura compelli non patiun-
tur*. Le mot *liberos* signifie ici hommes libres et non pas
enfants, comme l'a très bien démontré Saumaise (2).
Cette constitution fut l'origine d'un grand changement. En effet, à partir de ce moment, l'addiction prit
le caractère d'un moyen de coërcition; jusque là elle
avait eu un tout autre caractère : on adjugeait le corps
du débiteur au créancier, comme une sorte de compensation pour la créance qui ne lui était pas payée.
C'était un dédommagement que la loi lui offrait, en
lui donnant le corps de son débiteur qu'il pouvait
vendre *trans Tiberim*, afin d'en retirer quelque argent,
ou qu'il pouvait tuer pour le punir de la violation de
la foi donnée. Ce vieux caractère de l'addiction nous
ne le retrouvons plus depuis Dioclétien. Le corps du
débiteur continue de répondre de la dette toutes les
fois que le débiteur ne peut, par la cession de biens,
se soustraire à l'exécution personnelle, mais il n'en répond plus comme autrefois : si désormais on saisit le
corps du débiteur, c'est pour l'obliger par cette voie
de contrainte à payer une dette qu'il peut, mais] ne
veut pas acquitter.

29. — La conséquence de ce changement dans le
caractère de l'addiction devait être l'abolition de ce

(1) L. 10, Cod. *de oblig. et act.*
(2) *De modo usurarum*, p. 883.

droit qu'avait le créancier d'emmener chez lui l'*addictus*, la suppression des *ergastula* et la substitution de
la prison publique à la prison privée. C'est ce qui eut
lieu, en effet, et le code de Justinien contient un titre
dont la rubrique est : *De privatis carceribus inhiben-
dis*. La loi première de ce titre est une constitution de
Zénon ; elle déclare que tout individu qui aura retenu
quelqu'un dans une prison privée sera poursuivi
comme coupable de lèze-majesté. Une constitution
grecque de Justinien, qui formait la loi 2, et dont le
texte original est perdu, mais que nous connaissons
par l'abrégé contenu dans les Basiliques, disposait que
celui qui aurait emprisonné un citoyen dans une prison privée serait enfermé dans une prison publique
pendant un temps égal à celui pendant lequel il aurait
détenu son débiteur. Ces constitutions défendent certainement l'emprisonnement privé des *addicti*, mais
elles doivent s'appliquer aussi à d'autres personnes
que l'on emprisonnait sans jugement ; c'est dont on se
convainc en les examinant attentivement. Pendant les
malheurs des derniers temps de l'Empire, il s'était re-
formé une sorte de *nexum* dans le contrat, par lequel
les habitants des campagnes, accablés d'impôts et de
dettes, engageaient leurs terres et souvent aussi leur
corps aux gens riches qui payaient pour eux. C'étaient
probablement ces *obærati*, devenus colons, dont Sal-
vien nous a retracé la déplorable situation, qui étaient
quelquefois enfermés dans les prisons que leurs nouveaux maîtres avaient sur leurs terres. En effet, ce que
Zénon défend surtout, ce sont les prisons que quelques personnes ont *in agris suis*, et s'il ajoute *aut
ubicumque*, c'est là un mot sans grande portée, qui a

seulement pour but d'empêcher qu'on ne cherchât à éluder la loi par une interprétation trop littérale et trop précise. Cet emprisonnement des colons, cette manière de résurrection du *nexum* se comprend et s'explique à merveille à une époque de désordres comme celle de la Grande Invasion. Le gouvernement impérial devait faire cesser cette violation du droit et protéger les débiteurs contre la rigueur des créanciers, de là la publication des constitutions dont nous venons de parler.

30. — A l'époque où cette recrudescence de sévérité s'était manifestée contre les débiteurs, les créanciers avaient trouvé le moyen de les priver du bénéfice de la cession de biens. Ils supposaient que les débiteurs cachaient toujours quelque chose, et ils les tenaient dans les prisons publiques où, du consentement même des magistrats, ils leur infligeaient mille traitements barbares. Justinien ordonna que tout débiteur qui ferait cession de biens ou déclaration d'insolvabilité serait mis en liberté s'il jurait sur les Évangiles qu'il n'avait aucune autre ressource : *Jusjurandum per adoranda præbeat eloquia, quod nullam, rerum causa occasionem aut aurum reliquum habeat, unde æris alieni supplementum faciat* (1).

Au règne de Justinien s'arrête le droit romain. Nous avons étudié et suivi toutes les vicissitudes qu'a subies à Rome la condition des débiteurs. Nous avons remarqué qu'à partir de Dioclétien, la contrainte personnelle avait pris le caractère du moyen de coërcition qui est le seul qu'elle doive avoir dans une législation

(1) Nov., 135, ch. 1er.

bien faite. Nous allons entrer maintenant dans le moyen-âge et dans les temps modernes, et examiner les dispositions de notre vieux droit français pour arriver ensuite à notre législation actuelle.

CHAPITRE II.

De la Contrainte par corps dans l'ancien droit
français.

SOMMAIRE.

31. — Après l'invasion, la contrainte par corps reprend le caractère de compensation accordée au créancier. — *Obnoxiatio.*

32. — Disposition de la loi Salique.

33. — Dispositions des autres lois Barbares jusqu'à Charlemagne.

34. — Du droit des Assises de Jérusalem relativement à la contrainte par corps.

35. — Les Assises n'admettaient pas la cession de biens.

36. — Elles fixaient un minimum au-dessous duquel la contrainte n'avait pas lieu.

37. — De la subrogation légale dans la contrainte et du rang des différents créanciers sur le corps du débiteur.

38. — Principales dispositions de la législation du douzième siècle sur la contrainte par corps.

39. — Saint-Louis. — Réformes.

40. — La stipulation de contrainte par corps est toujours permise.

41. — La contrainte perd le caractère de compensation et prend celui de moyen coërcitif. — Cession de biens.

42. — Aliments; distinction entre les prisonniers pour dettes et les malfaiteurs.

43. — Ordonnances de Philippe-le-Bel.

44. — Ordonnance de Moulins; disposition rétrograde.

45. — Ordonnance de 1667.

46. — Suspension de la contrainte par corps en 1713 et 1721.

47. — Coup-d'État contre les nourrices.

48. — La Convention abolit la contrainte par corps le 9 mars 1793.

49. — Elle la rétablit dans certains cas le 30 mars 1793.

50. — Loi du 15 germinal an VI.

51. — Conclusion.

---

31. — Nous voici parvenus au moyen-âge. C'est de la Gaule que nous allons désormais nous occuper exclusivement. Jusqu'alors elle n'avait pas eu d'existence distincte, du moins depuis l'époque où nous avons des données certaines sur son histoire, et c'est l'époque de son asservissement aux Romains.

L'invasion rompit ce gigantesque assemblage qui s'appelait *Res Romana*, et chacun de ses débris recon-

quit l'individualité qu'il avait perdue depuis longtemps. La Gaule eut la sienne sous la domination des
Francs.

L'invasion fut une grande secousse, qui devait exercer une immense influence sur la civilisation et sur
l'avenir du monde; mais elle opéra lentement, comme
toutes les causes qui sont destinées à produire des résultats durables. Longtemps les pays envahis par les
Barbares conservèrent les mœurs, la langue et les lois
des Romains; ce ne fut que peu à peu que tout cela se
fondit avec les mœurs, la langue et les lois germaines.
Au temps de l'invasion, la loi romaine en vigueur dans
la Gaule était le Code Théodosien, qui continua à ré-
gir les Gallo-Romains, malgré la présence simultanée
sur le territoire des lois Barbares. C'était la conséquence du principe de la personnalité des lois, principe que nous nous bornons à indiquer pour ne pas
sortir de notre matière.

Le Code Théodosien avait enregistré les constitutions où Dioclétien avait changé le caractère de la
contrainte exercée sur la personne du débiteur, en la
présentant comme un moyen de coërcition, et non
plus comme une compensation accordée au créancier.
Nous avons remarqué précédemment que cette réforme
n'avait pas été facilement acceptée, et que, sous Zénon,
la contrainte sur la personne tendait à reprendre son
ancien caractère. Si le progrès opéré par Dioclétien
était menacé de disparaître dans l'empire d'Orient, il
devait l'être beaucoup plus dans l'Occident, où le contact des Barbares tendait à dénaturer tous les jours les
institutions romaines encore subsistantes. En effet,
contrainte reprit bientôt en Gaule le caractère de

compensation accordée au créancier. On en revint pour
ainsi dire au *nexum :* le débiteur insolvable se donnait
à son créancier; seulement, comme alors on ne connaissait plus les distinctions savantes de l'ancienne jurisprudence, nous ne voyons pas qu'il se donnât *in
servitute,* il devenait *servus ;* c'est ce que nous trouvons
dans les formules de Marculfe (1) : « Placuit mihi ut
statum ingenuitatis meæ in vestrum deberem obnoxiare
servitium, quod ita et feci : unde accepi a te pretium,
in quod mihi bene complacuit solidos tantos, ita ut ab
hodierna die, quidquid de me servo tuo, sicut et de reli-
quis mancipiis tuis facere volueris, a die præsente li-
beram habeas potestatem. » Les mots *obnoxiare, obnoxiatio,* qui sont toujours employés pour désigner cet
esclavage volontaire du débiteur insolvable, indiquent
par leur étymologie la filiation qui existe entre cette
coutume du moyen-âge et le *nexum* des vieux Romains.

L'obnoxiatio avait lieu non seulement pour les dettes civiles, mais encore pour les dettes criminelles, si
l'on peut appeler ainsi la composition ou *wergeld* que,
d'après les lois barbares, le délinquant était obligé de
payer à l'offensé ou à sa famille. Ducange dit (2) :
« Præterea aliquis in servum ad vitam suam sese dabat
cum pecuniam, in quam condemnatus fuerat, non haberet quam transsolveret. » Cette habitude de l'*obnoxiatio* du condamné qui ne pouvait satisfaire à la condamnation, subsista longtemps, car le même auteur (3)
cite une charte de 1189 où il est parlé de quatre hom-

---

(1) *Formulæ secundum legem romanam.* — Form. 10.
(2) V° Obnoxiatio, *Glossar. med. æv. ins. lat.*
(3) Loc. cit.

mes *qui pro sui fore facta in servitutem se redege-
rant.*

32. — La loi Salique, comme toutes les lois Barbares, avait admis le principe des compositions. Mais
tous les coupables n'avaient pas le moyen de payer le
wergeld; alors, dans le cas d'insolvabilité, la loi prescrivait la remise du délinquant à l'offensé ou à la famille de l'offensé, et ceux aux mains desquels on le remettait pouvaient, dans certaines circonstances, lui
infliger la peine capitale. Le coupable, menacé de cette
peine, pouvait faire un appel à ses parents et les sol-
liciter de payer pour lui la composition fixée par
la loi. Si cet appel était inefficace, on devait l'exposer dans le *mallum* à quatre reprises différentes. La
vue de sa malheureuse position pouvait déterminer
quelqu'un des hommes libres venant à cette assemblée
à payer pour lui. La tradition du coupable ne devenait définitive que si, après ces quatre épreuves, personne ne s'était présenté pour désintéresser l'offensé.
Voici ce que, sur ce point, dit la loi Salique (1)... « Quod
si hic etiam non habet ut legem solvat, et totam legem componat, tunc illum qui homicidium fecit tollit,
qui eum in fide sua habet, et per quatuor mallos prae-
sentem faciat : et si eum per compositionem aut fidem
nullus suorum tulerit, hoc est, eum redimat, aut pro
eo persolvit, tunc de vita componat. »

Cette exposition de l'insolvable, faite à quatre reprises au *mallum*, rappelle celle qui avait lieu à Rome
tertiis nundinis. Ainsi, deux législations bien différentes, et dont les origines sont loin d'être les mêmes,

(1) Titre 61. Je cite le texte publié par Hérold. — Pardessus, 3e appen-
ice.

nous présentent toutes les deux, à un long intervalle, des dispositions qui, par leur nature, portent un cachet d'originalité qui paraît ne pas leur permettre de se retrouver ailleurs, et cependant, ces dispositions sont identiques dans ces deux législations. Il n'y a pas ici d'imitation possible; il n'est pas moyen de prétendre que les quatre chefs rédacteurs de la loi Salique se sont inspirés des Douze Tables. Il faut reconnaître que l'espèce humaine est la même partout et toujours, et que son développement suit une marche uniforme dans tous les lieux et dans tous les temps; c'est pourquoi on voit à des époques, et dans des pays différents, les mêmes événements et les mêmes lois se représenter avec certaines particularités de détail dont la similitude peut, à première vue, faire soupçonner une imitation.

33. — Ainsi, d'après les lois Barbares, l'insolvable, quelle que fût la nature et la cause de sa dette, devenait l'esclave du créancier, qui acquérait sur lui droit de vie et de mort. Cet esclavage était même souvent la conséquence des dettes de jeu. Tacite (1) nous apprend que l'habitude des Germains de son temps était, lorsqu'ils avaient perdu tous leurs biens, de donner leur corps en payement à leur heureux vainqueur. Aussi, ne devons-nous pas nous étonner de voir la loi Salique consacrer l'esclavage des débiteurs insolvables. Les autres lois Barbares avaient des dispositions semblables à celles de la loi Salique. La loi des Bavarois (2) dit que tout délinquant doit payer la composition, et elle ajoute : «Si vero non habet, ipse, se in servitio de-

---

(1) *De Moribus, Germanorum*, ch. 21.
(2) Tit. II, ch. 1er, art. 4 et 5.

primat. » La loi des Saxons obligeait tout individu qui se livrait au paganisme à payer une amende. En cas d'insolvabilité, le coupable devenait esclave de l'Église, car c'était l'Église qui avait été offensée par son abjuration : « ad ecclesiæ servitium donentur, usque dum ipsi solidi solvantur (1). » Les capitulaires de Charlemagne (2) disposaient aussi que ceux qui ne pouvaient payer les amendes devaient se donner en gage jusqu'à ce que les produits de leur travail eussent acquitté leur dette. Les choses restèrent en cet état aussi longtemps que les lois Barbares furent en vigueur sur le sol de la Gaule. Voyons maintenant ce qui arriva lorsque la législation, de personnelle, devint territoriale.

34. — Pendant longtemps encore les créanciers conservèrent le droit de saisir le corps du débiteur qui ne payait pas et de faire travailler le débiteur pour éteindre leur créance avec le produit de son travail. Nous allons en trouver des preuves irrécusables dans les Assises du royaume de Jérusalem, qui sont un des plus anciens monuments de notre droit coutumier.

L'auteur de l'Assise de la Haute-Court, après s'être occupé de plusieurs voies d'exécution forcée, arrive à la saisie du corps du débiteur. Il fait observer d'abord que les chevaliers ne sont pas contraignables par corps, probablement parce que la guerre incessante que l'on faisait alors aux Sarrazins exigeait qu'on ne détournât aucun chevalier du service militaire; ensuite il explique que tout débiteur insolvable qui n'est pas cheva-

(1) Conciani, *Barb. leges*, III, 63.

2) Liv. III, ch. 65.

lier doit devenir *l'esclaf* du créancier et rester en esclavage jusqu'à ce que son travail ait acquitté sa dette.
Pour donner une idée exacte de la législation de Jérusalem à cet égard, nous ne croyons pouvoir mieux faire
que de rapporter ici deux chapitres de l'Assise de la
Haute-Court, qui contiennent sur ce point des détails
curieux et intéressants à connaître.

CHAP. 115. — « Por ce que il est devant dit que
chevalier deit paier peine moutie par la ditte assise,
vaus ge esclarzir une ditte assise qui est faite de chevalier, ce est assaveir : que chevalier ne ne puet ne ne
deit par l'assise dou reaume de Jerusalem estre arresté
por dette que il deit, mais l'on peat bien totes les soes
choses arester et faire vendre por payer la dette que il
deit. »

CHAP. 116. — « Se aucun autre home que chevalier
deit dette que il ait coneue en Court..... et s'il n'a de
quei paier la que de son fié, et il livre son fié au seignor, le seignor le puet et deit faire vendre par l'assise
por la dite dette paier, et faire le mettre en prison tant
que il ait celle dette paiée ou fait en le gré de celui à
qui il la deit, se il ne fornit l'assise. Mais se il en euffre
à fornir l'assise, le seignor le deit faire mener et tenir
selonc l'assise de ce. Et l'assise de ce est tel ; que il deit
jurer sur sains que il, à descovert ne à covert, n'en a
que la robe de son vestir et les dras de son lit, ne autre
por lui. Et après cest sairement, il deit estre livré à
celui à qui il deit la ditte dette ; et il le puet tenir
comme son esclaf, tant que lui ou autre por lui, l'aient
paié ou fait son gré de la ditte dette ; et il le deit tenir
sanz fers, mais que il ait un anel de fer au bras por re-
conoissance que il est au poeir d'autrui por dette que

il deit. Et li deit doner à mangier et à beivre souffisam-
ment, au moins pain et aigue, et à vestir une robe
l'iver et une cote l'esté, et deus chemises; et la men-
sion que il fera deit estre contée à la dette. Et se le
aresté por dette fait servise à celui en qui poeir il est ;
le servise que il li fera deit estre conté raisnablement
et abattu de la dette, tant come le servise que il aura
fait vaudra. Et se il le sert tant que il s'aquitte, en
servant le, vers lui de la dette, il deit estre maintenant
quitte et délivre; et li deit l'on oster l'aniau dou bras,
et puet aler et venir quitte et délivre, come home qui
est en sa délivre poesté. »

35. — Ainsi, l'insolvable était réduit en esclavage
et il ne pouvait sauver sa liberté par la cession de
biens; car, après qu'il avait prêté le serment exigé par
la loi, il était livré au créancier. C'était là une conséquence inévitable du droit reconnu au créancier de se
payer par le travail du débiteur. Une législation qui
admet la contraiute par corps comme compensation
accordée au créancier, ne peut admettre la cession de
biens. Cette cession ne peut avoir lieu que dans les législations qui envisagent la contrainte par corps comme
punition ou comme moyen coërcitif. Les Assises de Jérusalem n'avaient pas répudié le principe des lois Barbares, elles devaient donc nécessairement rejeter la cession de biens. M. le comte Beugnot, dans son édi-
tion (1) si remarquable de cet ouvrage, cherche la raison de cette rigueur des Assises contre les débiteurs : il
pense que, d'abord, l'esclavage n'existait que contre
les délinquants insolvables, et que ce ne fut que plus

____

(1) Sur les chapitres précités.

tard qu'on l'étendit à tous les débiteurs; et il constate cette extension dans le Miroir de Saxe (1), d'où, suivant lui, elle aurait passé dans les Assises. Nous regrettons beaucoup de n'être pas, sur ce point, d'accord avec ce savant distingué, mais nous ne pouvons accepter sa manière de voir, parce que plusieurs documents, entre autres le passage de Tacite, auquel nous avons déjà fait allusion, et la formule de Marculfe, que nous avons rapportée plus haut, prouvent, ce nous semble, que de tous temps, sous l'empire des lois Barbares, le corps des débiteurs insolvables a répondu de la dette, quelle que fût d'ailleurs la nature et la cause de cette dette, et que cette disposition n'était pas restreinte aux seuls délinquants. Ceci étant, il n'y a plus à chercher la raison de la rigueur des Assises. Elles avaient conservé le même principe que les lois Barbares, elles devaient présenter les mêmes conséquences.

36.—L'Assise de la Court des Bourgeois n'admettait pas plus la cession de biens que celle de la Haute-Court. Le chapitre 39 dit que, si l'acheteur d'un cheval ne paye pas son prix d'acquisition, le vendeur a le droit de l'emprisonner. Le chapitre 58 est relatif à l'emprunteur d'une somme d'argent. Ce chapitre est assez curieux en ce qu'il nous indique, comme l'a fort bien démontré M. le comte Beugnot, la somme au-dessous de laquelle l'exécution sur la personne n'était plus permise. Cette somme était celle de XX besans (2); voici ce chapitre :

Chap. 58. — « Se un home preste à un autre

<hr />

(1) Liv. III, art. 39.

(2) 20 besans valaient à peu près 160 sous.

homo XX besans jusqu'à un terme nommé, et puis quant vient au terme, et il li requiert ses besans, et le detour respont qu'il n'en a de quoi il le puisse payer, et il avient que celuy se clame à la Cort du detour, la raison commande que les jurés deivent juger que le detour qui dit qu'il n'en a de quoi paier, dut jurer sur sains que il n'en a desus terre ne dessous dont il li puisse paier ce que il li deit. Et puis que il aura juré, le Cort deit livrer le cors dou detour au prestour, et il le deit tenir come crestien en son hostel. Et quant il aura recouvré ses besans, si le deit rendre à la justice, par dreit et par l'asise dou reaume de Jerusalem. »

Cette fixation d'un minimum au-dessous duquel l'emprisonnement du débiteur n'était plus possible était une idée trop avancée pour l'époque des Assises. Aussi, pendant longtemps, n'en retrouvons-nous aucune trace. Il nous faudra aller jusqu'à l'ordonnance de 1667 pour rencontrer une pareille fixation en ce qui concerne les dépens, et jusqu'au Code Napoléon pour les autres dettes.

37. — Les Assises, on le voit d'après ce que nous avons dit jusqu'ici, nous fournissent plusieurs documents importants pour l'histoire de la contrainte par corps; nous allons y trouver encore une particularité, plus curieuse que ce qui précède. Lorsqu'un créancier détenait un débiteur, un autre créancier de ce même débiteur pouvait le lui enlever ; pour cela, il fallait qu'il payât la totalité de ce qui était dû au premier créancier. Dans ce cas, il était subrogé dans le droit de détenir le débiteur.

L'intérêt de cette subrogation était très grand dans la législation des Assises; car, ainsi que nous l'avons

déjà peut-être trop répété, elles permetraient au créancier de se payer en faisant travailler le débiteur chez
lui. La contrainte par corps ne s'exerçait pas dans des
prisons publiques, comme à la fin de l'Empire romain
ou comme chez les peuples modernes, elle s'exerçait
dans la prison, dans la maison du créancier, en son
hostel, comme disent les Assises. Lorsqu'il y avait plusieurs créanciers, il pouvait arriver que celui qui détenait le débiteur le fît peu travailler afin de reculer l'é-
poque de sa libération, ou même qu'il colludât avec
lui; on comprend alors l'intérêt que les autres créanciers avaient à retirer le corps du débiteur de pareilles
mains, afin de pouvoir presser son travail et de rentrer
plus vite dans leurs avances. Le créancier, à qui on
payait son dû, n'avait aucun sujet pour se plaindre et
pour refuser de rendre le débiteur, et celui qui le rem-
boursait acquérait le droit de réclamer du débiteur,
outre sa propre créance, celle du créancier antérieur
qu'il avait désintéressé. L'Assise des Bourgeois s'exprime ainsi;

Chap. 66. — « Bien sachés que se uns home est
livré en cort por avoeir que il deit à aucun home, et
puis avient aucun home ou feme, et se clame de celuy
qui est livré, et dit que il li deit avoir, la raison commande que seluy ou cele qui se clame dou livré, veut
payer à celuy qui le tient en prison ce que il li deit, il
peut puis prendre le livré en sa prison et tenir le jusque il li ait paié ce que il li deit et ce qu'il aura paié
por lui à l'autre detour (1), et ce est dreit par l'assise.... »

(1) Il y a là évidemment une faute du copiste, c'est *prestour* que le sens
demande.

Dans une législation où la contrainte par corps est un moyen coërcitif, une épreuve de solvabilité, il ne saurait en être ainsi, parce que l'important est que le débiteur soit détenu, et non pas qu'il le soit à la requête d'une personne plutôt que d'une autre. Seulement les créanciers qui n'ont pas requis l'emprisonnement du débiteur commun ont intérêt à veiller sur lui, de peur qu'il ne recouvre la liberté après avoir satisfait le créancier requérant. La loi leur fournit, dans le système des recommandations, un moyen de mettre leurs intérêts à couvert.

Cette subrogation légale dans le droit de détenir le débiteur mérite de fixer l'attention. Nous ne la trouvons pas seulement dans les Assises du royaume de Jérusalem; un document très curieux, émané, l'an 1197, de la municipalité de Toulouse, nous atteste encore son existence. Les croisés avaient érigé en lois, dans leurs possessions d'Orient, les coutumes de l'Europe; on en a mille preuves diverses. La comparaison des Assises et de la pièce dont nous parlons peuvent en être une nouvelle. Nous croyons, à raison de son importance, devoir rapporter en entier cette délibération de la municipalité toulousaine :

« Quod si aliquis debitor responderit suo creditori se non habere aliquid quod ei possit persolvere, quod vicarius, si clamorem inde habuerit, eum in castello VIII diebus teneat, et si ad VIII diem creditor potest probare quod debitor aliquid ei possit persolvere, quod debitor illud ei persolvat. Si vero creditor hoc probare non poterit vel noluerit, si debitor ei non satisfecerit vel cum eo non convenerit, quod debitor tradatur creditori, ut habeat et teneat eum in sua potestate, et

quod teneat cum in ferris absque alio malo quod ei
non faciat, scilicet pro cabale, et non dimittat eum ire
extra suam domum, et non teneatur ei dare ad comedendum aliud nisi panem et aquam, nisi voluerit, et
ut teneat cum tam diu consules cognoverint; sed ta-
nem non teneatur eum dimittere, si ad minus duas
partes consulum illud non cognoscebant : et si aliquis
alius prior creditor voluerit eum defendere, asserendo
se habere corpus ipsius in sua potestate pre aliis hominibus, vel quod prior clamorem de eo factum habeat; si cognitum fuerit vel probatum, tradatur ei pro
cabale, ita tamen ut ipse teneat eum eo modo quo predictum est; si vero ipse nollet, ita ut predictum est,
debitorem tenere, tradatur secundo debitori pro cabale;
et si secundus creditor nollet, ita ut predictum est,
debitorem tenere, tradatur tercio et sit aliis per ordinem sicud de eo clamorem factum habuerint, et quod
teneant eum tam diu consules cognoverint ; sed tamen
non teneantur eum dimittere, si duas partes consulum
ad minus illud non cognoscebant. Tamen si secundus
creditor, vel aliquis aliorum per ordinem sicuti de debitori clamorem factum habuerint, vellet persolvere
cabalem illi creditori qui corpus debitoris in potestate
haberet, vel quod prior de eo clamorem factum haberet, habeat licentiam hoc faciendi, et postea tradatur ei ad tenendum eum eo modo quo predictum est,
pro tanto scilicet quantum ei debuerit de cabale, et pro
tanto quantum alii creditori de cabale persolverit... Tamen si debitor evadebat et fugiebat in claustro, quod
creditor cui fugerit possit eum capere in claustro, et
habeat licentiam tenendi eum in claustro ubi ei pla-
cuerit eo modo quo predictum est. Item si forte ali-

quis creditor dimittebat ire debitorem per villam, vel extra domum, quicumque aliorum creditorum cum invenerit, capiat eum, et habeat et teneat eum in sua potestate eo modo quo predictum est, et non teneatur cum alii creditori reddere. Tamen si forte debitor evadebat, et alius eum capiebat, reddat eum illi cum sacramento, quod inde habeat, si voluerit, scilicet de creditore quod ei evasus sit et absque sua voluntate exitus de domo, et hoc totum fiat cognitione duarum parcium consulum ad minus (1). »

Nous retrouvons, dans ce document, la subrogation légale des Assises, ainsi que nous l'avions déjà annoncé. Nous y voyons de plus que les créanciers pouvaient avoir des causes de préférence sur le corps du débiteur commun : c'est ce que disent positivement les magistrats de Toulouse, *asserendo se habere corpus ipsius in sua potestate pre aliis hominibus*, et s'il n'existait pas de causes de préférence, c'était le premier saisissant qui primait les autres créanciers, *vel quod prior clamorem de co factum habeat.* N'y a-t-il pas une analogie frappante entre les droits qu'au douzième siècle les créanciers avaient sur la personne des débiteurs, et ceux qu'aujourd'hui ils ont sur leurs biens? Ainsi, on pouvait se faire subroger dans le droit de détenir un débiteur, comme on se fait subroger aujourd'hui dans un privilége ou dans une hypothèque; ainsi, la nature de la dette assignait aux créanciers des rangs différents sur la personne, comme aujourd'hui elle en assigne sur les biens ; ainsi, le créancier qui le premier saisissait la personne du débiteur, était préféré

<hr>

(1) Archives, sect. historiq., reg. XXI, pièce 11.

aux autres, et il n'y a pas longtemps encore, le créancier qui faisait le premier une saisie-arrêt, conservait son droit pour le tout.

38. — Nous sommes arrivés à la fin du douzième siècle; avant de passer au siècle suivant, nous voulons constater qu'à cette époque la contrainte par corps avait lieu pour toute espèce de dettes; que le créancier avait le droit de faire travailler le débiteur et de se payer avec les produits de son travail, et enfin que le créancier n'était obligé de fournir au débiteur que du pain et de l'eau. C'est ce qui résulte des citations précédentes. Nous remarquerons aussi que, depuis la disparition des lois Barbares, depuis l'établissement du droit coutumier, les créanciers ne pouvaient exercer leur droit sur la personne qu'après l'avoir fait reconnaître par la justice (1). Ainsi, d'après les Assises de Jérusalem, c'était toujours la Cour qui devait prononcer la contrainte par corps, et nous voyons dans le règlement de la ville de Toulouse, que c'était le *vicarius* qui, au bout des huit jours d'épreuve prescrits, livrait le débiteur au créancier poursuivant. Il y avait là une première garantie accordée au débiteur : la justice devait intervenir toujours pour vérifier le droit du créancier et pour protéger sa liberté, si besoin était. C'était un progrès; mais il en restait bien d'autres à faire. Nous allons observer leur développement dans les époques suivantes.

39. — Voici le règne de saint Louis; c'est un des plus remarquables par les réformes qu'il produisit et surtout en matière de législation. Les principes, qui

____

(1) Cf., art. 2067, C. Nap.

avaient régi jusqu'alors la contrainte par corps, furent
abandonnés et remplacés par des principes opposés.
Auparavant, la contrainte par corps avait lieu contre
tout débiteur insolvable ; saint Louis établit qu'à l'a-
venir les juges ne pourraient pas la prononcer, quand
elle n'aurait pas été stipulée. Une ordonnance rendue
en 1254, s'exprime comme il suit : (1) « Item ne nos
baillis, ou autres mendres officiaus grebvent nos subjés
contre justice, nous leur deffendons que pour nulle
doibte fors por la nostre ils ne prengnent nus ne tie-
gnent prins. »

Le Roi maintenait la contrainte par corps contre ses
débiteurs, c'est-à-dire contre ceux de l'État. Il n'y
avait rien de plus légitime; car il faut toujours, dans
l'intérêt public, assurer la rentrée des impôts.

Il paraît que la défense de prononcer la contrainte
par corps contre les débiteurs des particuliers ne fut
pas fidèlement observée par les officiers royaux, car le
Roi fut obligé de la renouveler deux ans après. Nous
trouvons en effet, à la date de 1256, une ordonnance
qui contient un article ainsi conçu (2) : « Nous deffendons que nuz senneschal ne baillif ne nuz aultre officier nostre, quelque il soit qui soit mis ou estably en
nostre servyce, grieve, nos subgiez contre droiture, et
que nos subgiez soient mis en prison por doibte nulle,
que ils doient, que por la nostre. »

C'est à cause de cette volonté, plusieurs fois manifestée par saint Louis, que l'Établissement-le-Roy, où
l'on a enregistré toutes ses idées sur la législation, dit

(1) Art. 19. Laurière, t. 1er, p. 72.
(2) Art. 17. Laurière, t. 1er, p. 80.

en parlant de l'exécution des jugements, qu'on *ne puet perfocier le doibteur que par la prinse de ses choses à payement fere.*

40. — Mais s'il était défendu aux officiers royaux de prononcer la contrainte par corps quand elle n'était pas stipulée, il était toujours permis au créancier de la stipuler. Beaumanoir, dont l'ouvrage, rédigé à peu près dans le même temps que l'Établissement, nous fait connaître la prohibition dont nous venons de parler, indique de la manière la plus formelle la faculté de stipuler la contrainte par corps qu'avaient alors les créanciers. Il dit que cette contrainte ne pouvait être exercée, *se li detes ne s'i est obligiés par letres, ou par devant justice, ou devant bones gens* (1). Le même auteur dit autre part, en rappelant l'exception faite par le roi pour les débiteurs de l'État : «Selone le coustume, nus cors d'omme n'est pris por dette, *s'il n'a par letres son cors obligié à tenir et à metre en prison,* si ele n'est por le dete le Roy ou le conte. Mais por ches deus pot on penre les cors et les avoirs, et si ne lor convient fere nul commandement de paier, ne à sept jors ne à quinze, ançois à li princes, de son droit, qu'il les pot justicier, si tost comme termes est passés par la prise de lor cors et de lor biens(2). » Des exemples que nous venons de rapporter, il résulte que la contrainte par corps n'eut plus lieu pour toute espèce de dettes; c'est là un premier résultat des réformes législatives de saint Louis.

(1) Cout. de Beauvoisis, ch. 51, nomb. 6.
(2) Cout. de Beauvoisis, ch. 24, nomb. 12.

41. — Un autre résultat des réformes du même prince fut de faire de la contrainte par corps un moyen coërcitif. Désormais nous ne verrons plus que les créanciers aient le droit de faire travailler leurs débiteurs pour se payer avec le produit de leu travail; nous verrons, au contraire, que l'on n'emprisonne plus les débiteurs que pour éprouver leur solvabilité. Le principe de la contrainte est donc complètement changé; la législation dépouille le caractère Barbare qu'elle avait eu jusqu'alors, et elle commence à s'humaniser.

Plus haut nous avons dit que la cession de biens ne pouvait exister dans les législations qui admettent la contrainte par corps comme une compensation accordée au créancier, et qu'au contraire son existence s'expliquait parfaitement là où la contrainte par corps est un moyen coërcitif. Sous saint Louis, la contrainte par corps est devenue un moyen coërcitif; aussi voyons-nous immédiatement apparaître la cession de biens qui avait disparu depuis que les lois Barbares avaient enlevé à la contrainte le caractère qu'elle avait eu dans les derniers temps de l'Empire romain. L'*Établissement-le-Roy* nous montre la cession de biens à peu près comme elle était organisée sous Justinien; on y retrouve le *jus-jurandum bonæ copiæ* qui était prescrit par la Novelle 135. Voici le texte de l'Établissement sur ce point (1) : « Et se aucuns estait en tel estat, que il n'eust ne muëbles ne chastel, par quoy il peust payer la chose coneue et jugée, si jurroit seur sains, que il n'aurait de quoy payer, ne tout, ne

<hr>

(1) Liv. II, ch. 40. Laurière, t. 1er, p. 288.

en partie, et que au plus tost que il vendrait en plus grande fortune, que il paierait; et doit abandonner ses biens pour son serement. » Il paraît cependant que la cession de biens ne pouvait avoir lieu au moment même de l'arrestation, et que le débiteur devait, avant de pouvoir y être admis, rester au moins quarante jours en prison. C'est ce que nous apprend Beaumanoir (1), qui est plus explicite que l'Établissement : « Et quant il ara esté quarante jors en prison, se li sires qui le tient voit qu'il ne puist metre nul conseil en le dete, et il abandonne le sien, il doist estre delivres de la prison; car ce serait contraire coze à humaine, c'on laissast toz jors cors d'omme en prison por dete, puis c'on voit que li creanciers ne puist estre paiés par le prison. » Malgré cette épreuve de quarante jours imposée au débiteur, nous devons reconnaître dans l'admission de la cession de biens un progrès utile et réel.

42. — Avant de quitter le règne de saint Louis, il faut que nous signalions encore un autre progrès qui est de la même époque. On se rappelle qu'au douzième siècle, le créancier n'était obligé de fournir à son débiteur emprisonné que du pain et de l'eau, *pain et aigue*, disent les Assises de Jérusalem (2), et *non teneatur ei dare ad comedendum aliud nisi panem et aquam*, dit le règlement précité de la ville de Toulouse. Cette rigueur fut adoucie, et désormais on ne traita plus les prisonniers pour dette sur le même pied que les malfaiteurs condamnés à la prison. C'est ce qui appert du passage

<hr>

(1) Ch. 51, nomb. 7.

(2) Assises de la Haute-Court, ch. 110.

suivant de Beaumanoir (1) : « S'il (le débiteur) est si
povres qu'il ne puist baillier nans, ne qu'il ait de quoi
vivre du sien, li creanciers li doit livrer son vivre, et
non pas un tel vivre comme on fet à cix qui sunt tenu
por vilain cas en prison, lor vie est establie à avoir
çascun jor denrée de pain et de l'yaue, et ce serait
mal coze que se cil qui sunt tenu por dete en prison
fussent si grevé. Et por ce, s'il ont du lor, on lor doit
administrer selonc lor volenté; et s'il n'ont riens, cil
qui en prison les font tenir, lor doit livrer pain et vin
et potage, tant come il en poent uzer, au mains une
fois le jor. »

43. — On le voit, le règne de saint Louis introduisit de notables modifications dans l'organisation de
la contrainte par corps. Les idées de ce grand Roi
étaient en toutes choses bien supérieures à celles des
hommes qu'il gouvernait; aussi nous savons que ses
réformes eurent beaucoup de peine à être acceptées de
son vivant; que quelques-unes ne le furent pas, et que
de celles qu'il réussit à faire exécuter plusieurs furent
abandonnées après sa mort. Il paraît qu'il en fut ainsi
de la prohibition faite aux officiers royaux de prononcer la contrainte par corps, hors les cas où elle aurait
été expressément stipulée; car nous trouvons trois ordonnances de Philippe-le-Bel, qui contiennent les mêmes dispositions que les ordonnances de 1254 et de
1256. Les trois ordonnances de Philippe-le-Bel sont des
années 1302, 1303 et 1304. La première, rendue à
la mi-carême, s'exprime ainsi dans son article 52 :
« Quod non ponent (baillivi nostri), nec tenebunt ali-

quem in prisione seu carcere pro debito, nisi per litteras nostras regias ad hoc fuerit specialiter obligatus. » Quant aux deux autres ordonnances, dont l'une, celle de 1303, est seule rapportée par Laurière, tandis que le *stylus parlementi* contient seulement celle de 1304, il y a de fortes raisons, quoiqu'elles portent des dates différentes, pour penser qu'elles ne constituent pas deux actes distincts, mais bien un seul et même acte sur la date duquel les recueils ne se sont pas accordés. Ceci deviendra évident, si l'on remarque qu'elles sont conçues en termes identiques. Elles disposent comme il suit : « Si aliquis fecerit aliquem in carcere retineri injuste, puniatur in expensis reddendis carcerato sic detento, et pro ipso solvere prisonagium teneatur. Præterea garnisiones in bonis alicujus debitoris non ponantur, nec obligatæ personæ arrestantur pro debito privatorum, sed eorum bona venalia exponantur de quibus satisfiat creditori; nisi hoc procederet ex conventione debitorum. Nullus insuper teneatur arrestatus, nec arrestetur per bajulos officiales nostros, vel alios officiales aliorum dominorum, si possint idonee fidejubere, aut nisi hoc esset in casu homicidii, furti, criminis læsæ majestatis, hæresis, raptus mulierum, et aliorum de jure expressorum. »

44. — Après Philippe-le-Bel, nous sommes longtemps sans trouver de dispositions législatives relatives à la contrainte par corps. Il nous faut aller pour en rencontrer jusqu'à l'ordonnance de Moulins, et, chose singulière, cette ordonnance détruisit les améliorations opérées par saint Louis et Philippe-le-Bel; c'est que le chancelier de L'Hospital, le rédacteur de cette ordonnance, chercha à remédier à d'autres abus que ceux

combattus par ces deux rois. Saint Louis et son petit-
fils avaient voulu protéger leurs sujets contre un
usage immodéré de la contrainte par corps. L'Hospital
voulut faire respecter les arrêts de la justice par tous
les moyens possibles. Ce grand magistrat, qui vivait
dans une époque de troubles et de désordre, sentait
plus que qui que ce fût la nécessité de donner une
grande force à l'autorité ; et, comme c'est au nom de
l'autorité que se rend la justice, le but qu'il s'était
proposé, lui, le chef de la magistrature, était de rele-
ver la justice dans l'esprit des peuples. Pour cela, il
fallait que les arrêts fussent exécutés sans entrave ; et,
comme la contrainte par corps est un des moyens les
plus énergiques pour assurer l'exécution des sentences
judiciaires, L'Hospital n'hésita pas à la prononcer dans
toutes sortes de circonstances, en accordant toutefois au condamné un délai de quatre mois pour satisfaire à la condamnation. L'article 48 de l'ordonnance
de Moulins dit, en effet :

Art. 48. « Pour faire cesser les subterfuges, délais
et tergiversations des condamnés, et oster la multiplicité des instances et exécutions des jugements et arrêts,
voulons et ordonnons que tous jugements et condamnations des sommes pécuniaires, pour quelque cause
que ce soit, soient promptement exécutés par toutes
contraintes et cumulations d'icelles jusqu'à entier payement et satisfaction ; et si les condamnés n'y satisfont
dans quatre mois, après la condamnation à eux signi-
fiée à personne ou domicile, pourront être pris au corps
et tenus prisonniers jusques à la cession ou abandon-
nement de leurs biens. Et si appréhendés ne peuvent
estre, ou si mieux la partie veut ou requiert, sera par

nos juges procédé pour la contumace du condamné au doublement et tiercement des sommes adjugées. »

45. — Ainsi la contrainte par corps, qui depuis longtemps n'était prononcée que dans les cas où elle avait été expressément stipulée, redevint le droit commun. Cet état de choses dura un siècle entier, car l'ordonnance de Moulins est de 1566, et ses dispositions ne furent changées que par l'ordonnance de 1667. Sous Louis XIV, l'autorité avait recouvré la force qui lui avait manqué sous les derniers Valois ; elle n'avait plus besoin, pour faire respecter ses sentences, d'employer des voies aussi rigoureuses, c'est pourquoi on en revint au principe que la contrainte par corps doit être un mode d'exécution exceptionnel et d'un usage aussi restreint que possible.

L'ordonnance de 1667 contient un titre, le 34ᵉ, dont la rubrique est : *De la décharge des contraintes par corps.* La contrainte par corps après les quatre mois n'y fut maintenue que pour les dépens, et encore lorsqu'ils excéderaient deux cents livres. En principe, la contrainte par corps ne dut plus avoir lieu, on fit cependant quelques exceptions; pour les tuteurs et les curateurs (art. 3), pour le cas de réintégrande, pour le stellionat, pour les dépôts nécessaires, pour les consignations faites par ordonnance de justice ou entre les mains de personnes publiques, pour la représentation des biens par les séquestres, commissaires ou gardiens, pour lettres de change et dettes entre marchands pour fait de marchandises (art. 4). L'ordonnance ne dérogea pas non plus au privilége des deniers royaux. Outre ces cas prévus et exceptés de la règle commune, la contrainte par corps ne pouvait pas être prononcée; c'était la législation de Philippe-le-Bel, reparaissant après une abrogation d'un siècle. C'eût été peu, au dix-septième siècle, de revenir au point où l'on était au commencement du quatorzième, il fallait faire un pas en avant et introduire encore dans la loi des améliorations nouvelles. C'est ce qui eut lieu, en effet. On se rappelle que si Louis IX et Philippe IV défendirent aux juges de prononcer d'office la contrainte par corps, ils leur laissèrent la liberté de recourir à ce mode d'exécution lorsque les parties en auraient stipulé l'exercice. Les rédacteurs de l'ordonnance comprirent que la prohibition, qu'ils renouvelaient, serait constamment éludée par les conventions des parties, si on permettait toujours de stipuler la contrainte par corps. En général, les emprunteurs sont à la merci des prêteurs, et, pour obtenir l'argent dont ils ont besoin, ils acceptent toutes les conditions qu'on leur impose. Il était à craindre que la stipulation de la contrainte par corps n'eût lieu dans tout contrat de prêt et ne devînt ainsi une clause de style. C'est ce qui était arrivé avant l'ordonnance de 1566 : dans tous les contrats il y avait stipulation de contrainte par corps, et l'on disait communément : *Nullum sine corpore pignus.* Pour restreindre l'exercice de la contrainte par corps, dans le cas où la loi l'autorisait, il fallait nécessairement défendre de la stipuler dans d'autres; c'est ce que fit l'article 6, titre 34 de l'ordonnance. A ce principe il n'y eut qu'une exception, ce fut pour les baux des terres situées à la campagne; on permit au propriétaire de stipuler la contrainte par corps de son fermier (art. 7). Cette ordonnance établit pour tout le royaume une procédure uniforme; cependant elle laissa subsister encore un certain nombre de priviléges locaux : nous en avons un exemple dans notre matière ; l'article 5 du titre *de la décharge des contraintes par corps* dit qu'il n'est pas dérogé au privilége des foires, ports, estapes et marchéz et des villes d'arrest : on appelait ainsi certaines villes dont les bourgeois avaient le droit de faire arrêter et constituer prisonniers les forains pour les dettes par eux contractées dans lesdites villes. Quant au privilége des foires, il était de deux sortes : d'abord les créanciers pouvaient agir immédiatement pour les dettes contractées en foires ; il fallait assurer l'exécution de ces engagements commerciaux ; ensuite, la foire était un lieu franc, où les marchands, exposés, antérieurement à la contrainte par corps, pouvaient se présenter en toute sûreté. Voici ce que dit Ragueau à cet égard (1) :

.... « En aucuns lieux, la quinquenelle (2) ou respit n'a lieu contre une dette faicte en foire (arrest de Paris, du 7 septembre 1562, prononcé solennellement) et les marchans allans ou venans au lieu dit ne peuvent estre emprisonnés pour debtes ; jugé en deux commissions du 2 juin 1384. »

Ce sont ces priviléges qu'avait maintenus l'ordonnance de 1667. Les ordonnances de 1673 et de 1681 contiennent aussi quelques dispositions relativement à la contrainte par corps en matière commerciale et maritime, mais comme elles ne modifient en rien les principes posés dans l'ordonnance de 1667, il nous suffit de les avoir mentionnées.

---

(1) Indice des droits royaux. Vº Foire. Paris, 1583.
(2) Inductæ quinquennii.

46. — Après Louis XIV, un long intervalle s'écoule sans changements apportés à la législation de la contrainte par corps : nous n'en trouvons plus jusqu'à la Révolution. Cependant, avant de parler de ce qui se fit alors, nous devons faire remarquer un fait sur lequel nous passerions sans nous y arrêter s'il ne s'était renouvelé de nos jours. Pendant la période qui sépare Louis XIV de la Révolution, l'exercice de la contrainte par corps fut deux fois suspendu. Une première fois après la guerre de la succession d'Espagne, en 1713, et une seconde fois après le Système. Dernièrement, nous avons vu une suspension de ce genre, prononcée par le Gouvernement provisoire de 1848. C'est que la contrainte par corps est une épreuve de solvabilité, un moyen employé pour triompher de la mauvaise foi, et auquel il ne faut pas recourir lorsque des évènements de force majeure viennent empêcher l'exécution des engagements, sans que l'on puisse rien reprocher aux débiteurs.

47. — Lorsque la Révolution éclata, on attaqua toutes les institutions existantes; il se trouva de trop généreux philanthropes qui se firent les adversaires de la contrainte par corps et en poursuivirent l'abolition. L'Assemblée constituante, composée d'hommes éminents et éclairés, comprit les dangers d'une abolition immédiate; elle s'y refusa et sauva le principe; mais l'Assemblée législative céda sur une question de détail. Une déclaration du 29 janvier 1715 avait accordé aux nourrices le droit de poursuivre, même par la contrainte par corps, le payement de ce qui leur était dû. Depuis les déclamations de Rousseau, les nourrices avaient beaucoup perdu dans l'opinion; aussi, lors-

qu'un membre proposa de les priver du bénéfice de la déclaration de 1715, l'Assemblée adopta sa motion avec empressement et rendit un décret ainsi motivé : ·

« Considérant que, chez un peuple libre, il ne doit exister de loi qui autorise la contrainte par corps que lorsque les motifs les plus puissants la réclament ;

« Considérant que la contrainte par corps pour dette de mois de nourrice n'est déterminée par aucun motif de cette nature; qu'elle est même contraire à l'intérêt du créancier; qu'en général, on ne peut atten-dre son payement que de l'industrie et des travaux du débiteur, etc. »

48. — Plus tard, sous la Convention nationale, les adversaires de la contrainte par corps recommencè-rent leurs attaques, et, comme la Convention était loin d'être aussi sage que l'Assemblée constituante, elle abolit la contrainte par corps sans que la question ait été mise à l'étude et sans discussion aucune. On faisait alors les lois à l'aventure : un représentant montait à la tribune, faisait une motion, et souvent sa motion était convertie en loi; c'est ce qui eut lieu pour la con-trainte par corps. Dans la séance du 9 mars 1793, la Convention, sur une motion de Carrier, venait de dé-créter l'établissement du tribunal révolutionnaire; Danton proposa l'élargissement des détenus pour det-tes, et Saint-André l'abolition de la contrainte. Il fal-lait bien vider les prisons pour pouvoir y placer les malheureux que le nouveau tribunal allait y entasser.

Si le *Moniteur* n'était pas un témoin irrécusable de ce qui s'est passé à cette époque, jamais on ne voudrait croire qu'une grande assemblée ait été assez insouciante des véritables intérêts du pays pour se laisser entraîner à bouleverser les lois civiles, parce qu'on flattait ses passions politiques et qu'on prononçait devant elle quelques paroles sonores mais vides de sens et étrangères à la question qu'on voulait lui faire résoudre. Voici ce que dit Danton :

« Non, sans doute, l'espoir de vos commissaires ne sera point déçu. Oui, vos ennemis, les ennemis de la liberté seront exterminés, parce que vos efforts ne vont point se ralentir. Vous serez dignes d'être les régulateurs de l'énergie nationale. Vos commissaires, en se disséminant sur toutes les parties de la France, vont répéter aux Français que la grande querelle, qui s'est élevée entre le despotisme et la liberté, va enfin être terminée. Le peuple français sera vengé : c'est à nous qu'il appartient de mettre le monde politique en harmonie, de créer des lois concordantes avec cette harmonie. Mais avant de vous entretenir de ces grands objets, je viens vous demander la déclaration d'un principe trop longtemps méconnu, l'abolition d'une erreur funeste, la destruction de la tyrannie de la richesse sur la misère. Si la mesure que je propose est adoptée, bientôt ce Pitt, le Breteuil de la diplomatie anglaise, et ce Burke, l'abbé Maury du parlement britannique, qui donnent aujourd'hui au peuple anglais une impulsion si contraire à la liberté, seront anéantis.

« Que demandez-vous? Vous voulez que tous les Français s'arment pour la défense commune? Eh bien! il est une classe d'hommes qu'aucun crime n'a souillés, qui a des bras, mais qui n'a pas la liberté : c'est celle des malheureux détenus pour dettes; c'est une honte pour l'humanité, pour la philosophie, qu'un homme, en recevant de l'argent, puisse hypothéquer et sa personne et sa sûreté.

« Je pourrais démontrer que la déclaration du principe que je réclame est favorable à la cupidité même, car l'expérience prouve que celui qui prêtait ne prenait aucune garantie pécuniaire, parce qu'il pouvait disposer de la personne de son débiteur; mais qu'importe ces considérations mercantiles? elles ne doivent pas influer sur une grande nation. Les principes sont éternels et tout Français ne peut être privé de sa liberté que pour avoir forfait à la société.

« Que les propriétaires ne s'alarment point. Sans doute quelques individus se sont portés à des excès, mais la nation toujours juste respectera les propriétés. Respectez la misère, et la misère respectera l'opulence. Ne soyons jamais coupables envers les malheureux, et le malheureux, qui a plus d'âme que le riche, ne sera jamais coupable.

« Je demande que la Convention nationale déclare que tout Français emprisonné pour dettes, sera mis en liberté, parce qu'un tel emprisonnement est contraire à à la saine morale, aux droits de l'homme, aux vrais principes de la liberté! »

« Cette proposition est décrété par acclamation et à l'unanimité. »

SAINT-ANDRÉ. « La proposition de Danton n'est pas assez étendue; je demande que la contrainte par corps pour dette soit abolie. »

« Cette proposition est adoptée. »

Ainsi il suffisait d'une proposition faite à l'improviste pour que la législation fût changée. La question n'avait été ni débattue dans un comité, ni discutée en séance publique. Mais, qu'importe, on avait parlé de Pitt et de Burke, de Breteuil et de Maury. On avait accolé ces noms aux mots *contrainte par corps*, tout était dit, et l'institution était jugée et condamnée à disparaître.

49. — L'abolition de la contrainte par corps n'eut pas plutôt été prononcée, que l'on sentit que l'on avait été trop loin. Il fallut faire des exceptions, surtout en ce qui concernait les comptables des deniers publics. Le comité de législation fut immédiatement chargé d'étudier la question qu'on avait résolue sans la connaître, et le 30 mars 1793, vingt jours après avoir aboli d'une manière absolue la contrainte par corps, la Convention la rétablit contre les créanciers de l'État par le décret suivant :

« La Convention nationale, après avoir entendu le rapport de son comité des finances sur les exceptions que doit recevoir l'abolition de la contrainte par corps, prononcée par le décret du 9 mars dernier, décrète que les comptables qui ont eu ou ont actuellement le maniement des deniers appartenant à la République française, les fournisseurs qui ont reçu des avances du Trésor public et autres, ses débiteurs directs, sont et demeurent exceptés de la contrainte par corps, et seront poursuivis, même par cette voie, pour l'exécution de leurs engagements. »

C'est qu'il n'y a pas de gouvernement possible sans finances et sans revenus assurés. Démosthènes le disait aux Athéniens, Saint-Louis et Philippe-le-Bel le comprenaient, la Convention fut amenée, par la force des choses, à faire ce qu'avaient fait les législateurs précédents, malgré la prétention qu'elle avait de rompre avec le passé et d'innover en toutes choses.

50. — Lorsque la Convention eut disparu, on revint encore bien mieux sur le décret du 9 mars 1793. Une loi du 24 ventôse, an V, rétablit en principe la contrainte par corps, et il fut décidé alors qu'une loi organiserait au plus tôt ce mode d'exécution. En effet, cette loi annoncée en l'an V fut rendue le 15 germinal an VI. On avait compris, comme il est dit dans le préambule de la loi du 24 ventôse, qu'il « était urgent de rendre aux obligations entre citoyens la sûreté et la solidité qui seules pouvaient donner au commerce de la République la splendeur et la supériorité qu'il devait avoir. »

La loi du 15 germinal an VI comprenait trois titres distincts : le premier traitait de la contrainte par corps en matière civile; le second, de la contrainte par corps en matière de commerce, et le troisième, du mode d'exécution des jugements emportant la contrainte par corps.

En matière civile, la loi de germinal défendit expressément, comme l'ordonnance de 1667, toute stipulation de contrainte par corps; elle alla même plus loin; car elle ne fit pas, pour les fermiers des biens situés à la campagne, l'exception qui se trouvait dans l'article 7 de l'ordonnance. Mais, pour ne pas sacrifier tout à fait les propriétaires, elle permit en compensation aux tribunaux de prononcer la contrainte par corps, s'ils le jugeaient nécessaire, dans le cas où les fermiers des biens ruraux ne représenteraient, pas à la fin du bail, le cheptel, les semences, les charrues et outils aratoires dépendant de l'exploitation. La loi de

germinal ayant, comme l'ordonnance, posé en principe que la contrainte par corps ne pouvait se stipuler,
devait, encore comme l'ordonnance, déterminer les cas
où elle pouvait être appliquée. Aussi l'art. 3 du titre 1er
disait-il que la contrainte par corps aurait lieu pour
versement de deniers publics et nationaux, stellionat,
dépôt nécessaire, consignation par ordonnance de justice ou entre les mains de personnes publiques, et représentation de biens par les séquestres, commissaires
et gardiens. Cet article reproduisait identiquement les
termes de l'ordonnance, seulement il avait omis le cas
de réintégrande. Une autre différence que nous devons
encore signaler, c'est que l'ordonnance prononçait la
contrainte après les quatre mois, pour dépens au-dessus de deux cents livres et pour reliquat de compte de
tutelle et de curatelle; la loi de germinal ne disait rien
de semblable.

Le titre second de la loi de germinal, relatif à la
contrainte par corps en matière commerciale, ne fit
que reproduire le principe de l'ordonnance de 1667,
qui prononçait la contrainte pour toutes dettes entre
marchands pour fait de marchandises. Ce principe, qui
ne figurait que pour mémoire dans l'ordonnance de
1667, avait été développé dans celles de 1673 (1) et
de 1681 (2), qui avaient établi que tout signataire de
lettres ou billets de change, qu'il fût marchand ou
non, pouvait être contraint par corps. Ces deux dernières ordonnances avaient aussi étendu la contrainte
par corps à tous les contrats maritimes. La loi de ger-

(1) Tit. VII, art. 1 et 2.
(2) Tit. XIII, art. 3 et 5.

minal admit et le principe et les conséquences ; elle se borna à reproduire l'ancienne législation, dont elle emprunta presque partout les termes. Ce titre second de la loi de germinal a été en vigueur jusqu'à la loi de 1832, parce que la législation impériale n'avait édicté aucune disposition relative à la contrainte par corps en matière de commerce.

Comme le titre troisième, qui s'occupe du mode d'exécution de la contrainte par corps, contient beaucoup de dispositions sans précédents et qui ont été reproduites dans les lois postérieures, nous nous réservons de l'examiner lorsque nous serons arrivé au mode d'exécution actuellement en vigueur.

51. — Nous venons de voir toutes les phases par où l'institution de la contrainte par corps a passé depuis son origine jusqu'à nos jours. Nous avons cherché à mettre en relief les caractères différents qu'elle a eu aux différentes époques, que nous avons étudiées, et nous nous sommes surtout efforcé de démontrer que la contrainte par corps peut être envisagée sous deux points de vue, soit comme compensation accordée au au créancier, soit comme moyen de coërcition, et que la législation s'est tantôt placée à un de ces points de vue, tantôt à l'autre. Après des variations successives, le droit s'est enfin fixé, et il est acquis désormais que la contrainte par corps ne peut être considérée, dans un pays civilisé, que comme un moyen de coërcition. Voyons comment elle est organisée chez nous.

CHAPITRE III.

Généralités.

SOMMAIRE.

52. — Définition.
53. — Utilité et légitimité.

---

52. — Qu'est-ce que la contrainte par corps? A cette question, on ne peut pas répondre par une définition plus simple et plus vraie que celle qui fut donnée au Conseil des Anciens par Portalis, le 23 ventôse an V. La contrainte par corps est un moyen de coaction, pour forcer un débiteur à remplir ses engagements.

53. — Depuis la Révolution, on a beaucoup atta-qué la contrainte par corps; on a contesté sa légitimité et même son utilité. Après la définition de Portalis, on a lieu de s'étonner de ces attaques et de ces contes-tations : elles se sont reproduites cependant de nos jours, et il existe encore des partisans de l'abolition de la contrainte par corps. Ils considèrent la contrainte par corps comme une arme donnée à un citoyen contre ses concitoyens, comme si elle était l'apanage des uns

plutôt que celui des autres. Bien loin de là, c'est un mode d'exécution qui peut servir à tout le monde, de même aussi qu'il peut frapper tout le monde; c'est une garantie qui existe contre tous au profit de tous. Mieux encore, c'est la seule répression qui existe contre certains délits civils, le stellionat, par exemple. Et elle ne serait pas légitime, elle ne serait pas utile l'institution qui, par cela même qu'elle punit un délit, peut l'empêcher de se produire? Elle ne serait pas utile l'institution qui, par la crainte salutaire qu'elle inspire, arrête des citoyens qui, autrement, se hasarderaient dans des spéculations funestes et désastreuses? Elle ne serait pas utile l'institution qui assure la stricte et exacte exécution des engagements commerciaux? Le commerce vit de ponctualité et de précision : un retard d'un jour, d'une heure dans un payement peut être la cause de plusieurs faillites; et, pour arracher à la contrainte par corps le débiteur inexact, on n'hésiterait pas à sacrifier les autres commerçants, dont les affaires sont liées aux siennes; et c'est au nom de l'humanité et de la raison que l'on veut abolir la contrainte par corps ! Singulière humanité! singulière raison ! qui ne ne s'apitoyent que sur le coupable, et qui ne voient jamais le malheur des victimes. Voilà peut-être dix ou vingt commerçants laborieux complétement ruinés parce qu'un homme, insouciant de ses affaires et de celles des autres, n'a pas été fidèle à sa parole : Qu'importe? c'est sur lui que se concentre tout l'intérêt de quelques philanthropes modernes. Quant à ceux dont il cause la ruine, on se garde bien d'y penser.

Chose étrange! ce sont les personnes les plus exposées à la contrainte par corps, les commerçants, puisque la contrainte a lieu pour tous les engagements de commerce, ce sont eux qui sont les partisans les plus fougueux du maintien de cette voie d'exécution; tandis que son abolition n'a de partisans sérieux que dans les théoriciens de cabinet. Car nous ne voulons pas, pour l'honneur de la discussion, parler ici de ces gens qui forment l'appoint des révolutions :

> « Un tas d'hommes perdus de dettes et de crimes,
> « Que pressent de nos lois les ordres légitimes. »

Ceux-là réclament l'abolition de la contrainte par corps par intérêt personnel; leur opinion ne doit pas compter. La question ne se débat donc qu'entre les commerçants et les théoriciens. Puisque les commerçants, qui sont incessamment menacés de la prison pour dettes, loin d'en être les adversaires, en sont les partisans, il faut que l'institution soit pour eux d'une grande utilité pratique. Ce sont eux qui, après l'abolition prononcée, le 9 mars 1793, ont demandé le rétablissement de la contrainte par corps, et c'est sur leurs instances réitérées qu'a été rendue la loi du 24 ventôse an V. La contrainte par corps est donc une institution qui plaît et convient à ceux pour qui elle est faite : voilà la meilleure de toutes les justifications. Si l'on voulait distinguer entre le droit commercial et le droit civil, et dire que la contrainte par corps, bonne en matière commerciale, ne saurait l'être en matière civile, il nous suffira de remarquer qu'au civil elle frappe surtout les stellionataires et les dépositaires infidèles, dont la position n'est guère digne de pitié, et ceux qui refusent de se soumettre aux ordres de la justice.

Nous défendons la contrainte par corps, mais, hâtons-nous de le dire, à condition qu'elle soit renfermée dans de justes et sages limites ; nous la défendons organisée, comme elle l'est chez nous par les dernières lois, et non pas telle qu'elle l'était dans l'antiquité et pendant le moyen-âge.

CHAPITRE IV.

De la Contrainte par corps en matière civile.

SOMMAIRE.

54. — Défense de stipuler la contrainte par corps.

55. — Exception faite pour les baux de biens ruraux par le Code Napoléon, abrogée en 1848.

56. — Exception pour les cautions des contraignables par corps.

57. — La contrainte par corps est impérative ou facultative.

58. — De la contrainte par corps impérative : 1° Du stellionnat.

59. — La loi ne parle pas des meubles.

60. — Les éléments du stellionat sont la fraude et le préjudice.

61. — L'article 2136 doit-il être étendu au cas de vente.

62. — 2° Du dépôt misérable.

63. — 3° Du refus d'obéir à une condamnation prononcée au possessoire.

64. — 4° Du refus de délaisser l'immeuble saisi.

65. — 5° Répétitions de deniers consignés ès-mains de fonctionnaires publics.

66. — 6° Des séquestres, commissaires et gardiens.

— 84 —

67. — 7° Des cautions judiciaires.

68. — 8° De la représentation des minutes par les officiers publics.

69. — 9° Délivrance des expéditions.

70. — 10° Refus de déposer en justice.

71. — 11° Restitution des titres et deniers confiés aux officiers publics.

72. — 12° De certains acheteurs.

73. — De la contrainte facultative : 1° du refus d'obéir à un jugement rendu au pétitoire.

74. — 2° Du cas où le fermier ne représente pas les instruments aratoires.

75. — 3° Des tuteurs et curateurs.

76. — 4° Des dommages-intérêts.

77. — 5° Quelques autres cas de contrainte facultative.

78. — La contrainte par corps a lieu contre toutes personnes. Exceptions : 1° des ecclésiastiques.

79. — 2° Des mineurs.

80. — Des interdits.

81. — 3° Des septuagénaires.

82. — 4° Des femmes.

83. — Exceptions relatives

84. — Taux au-dessous duquel la contrainte ne peut avoir lieu. — Mort du créancier — Divisibilité de la créance.

85. — La contrainte par corps doit être prononcée par un jugement.

86. — Des ordonnances des juges-commissaires.

87. — Des juges de paix.

88. — Des arbitres.

89. La contrainte par corps ne peut être prononcée d'office.

90. De l'appel.

91. — Le Code Napoléon ne règle ni les matières commerciales, ni les matières administratives et criminelles.

---

54. — Pour les matières civiles, notre législation actuelle a emprunté à l'ordonnance de 1667 une disposition fort sage qui empêche que le débiteur ne soit à la merci de son créancier, et ne perde trop facilement sa liberté. Elle ne veut pas qu'on puisse le soumettre à la contrainte par corps hors les cas prévus et déterminés par la loi. L'article 6 du titre XXXIV de l'ordonnance défendait de passer à l'avenir aucuns jugements, obligations et autres conventions portant contrainte par corps contre les sujets du Roi, et il défendait aussi à tous greffiers, notaires et tabellions de les recevoir, à tous huissiers de les exécuter, encore que les actes aient été passés hors du royaume. Comme nous l'avons déjà remarqué précédemment, la loi de germinal avait renouvelé cette défense; elle disait, dans l'article 2 de son titre 1er : « Toute stipulation de contrainte par corps énoncée dans des actes, contrats et transactions quelconques; toute condamnation volontaire qui prononcerait cette peine hors les cas où la loi l'a permis, sont essentiellement nulles. » L'ordonnance avait considéré cette prohibition comme d'ordre public, aussi avait-elle, sur ce point, dérogé à

la maxime: *locus regit actum.* Elle déclarait nulle toute stipulation de contrainte par corps consentie par un Français dans un pays où l'on pouvait se soumettre conventionnellement à la contrainte par corps. En l'an VI, pour faciliter les relations entre les étrangers et les Français, on se départit, sur ce point, des dispositions de l'ordonnance, car la loi du 4 floréal de cette année dit, dans son article 4 : « Tout Français qui s'est soumis à la contrainte par corps en pays étranger, pour l'exécution d'un engagement qu'il y a contracté, y est également contraignable en France. » Le Code Napoléon est revenu aux principes de l'ordonnance de 1667. L'article 2063 défend aux juges de prononcer la contrainte par corps hors les cas déterminés, aux notaires et greffiers de recevoir des actes dans lesquels elle serait stipulée, et à tous les Français de consentir pareils actes, encore qu'ils soient passés en pays étrangers. Les rédacteurs du Code ont considéré qu'il était d'ordre public qu'un citoyen ne pût pas lui-même disposer de sa liberté individuelle: la loi seule doit prononcer à cet égard. Dans l'article 2063, le Code a reproduit textuellement l'article précité de l'ordonnance, seulement il ne défend pas aux huissiers d'exécuter la contrainte par corps si elle était prononcée dans un cas non prévu par la loi. C'est que les huissiers ne doivent pas entrer dans l'examen de la validité des jugements; ce serait peu convenable pour les juges et dangereux pour la bonne administration de la justice. Le débiteur injustement incarcéré n'est pas dépourvu de toute protection. Si les huissiers exécutent un jugement illégal, il fera valoir ses droits contre les juges qui auront violé la loi. Le législateur ne pouvait pas commander aux huissiers de s'ériger en censeurs de la magistrature.

55. — Lors de la promulgation du Code, il y avait deux exceptions à cette défense de stipuler la contrainte par corps; depuis la loi du 13 décembre 1848, il n'en existe plus qu'une seule. L'article 2062 permettait de stipuler la contrainte par corps contre les fermiers dans les baux de biens ruraux. Cette exception avait été déjà faite par l'ordonnance, mais il n'en était pas question dans la loi de germinal. Le Code l'avait rétabli dans l'intérêt commun du fermier et du propriétaire. Les fermages des biens ruraux représentent les fruits que le fermier recueille; ils sont destinés à la nourriture du propriétaire. Aussi les Romains considéraient comme voleur le fermier qui vendait les fruits sans payer le fermage. La loi 61, § 8, ff, *de furtis*, dit : « Locavi tibi fundum, et (ut adsolet) convenit, ut fructus ob mercedem pignori mihi essent, si eos clam deportaveris, furti tecum agere posse aiebat. » Chez nous, il n'est pas besoin de stipuler que les fruits répondent du fermage, c'est le droit commun. Si nous voulions donc considérer le fermier qui ne paie pas son loyer avec les idées romaines, nous dirions toujours qu'il commet un larcin. Le Code n'avait pas été jusque-là, mais il avait voulu permettre au propriétaire de s'assurer un moyen énergique pour se faire payer et pour se garantir d'infidélités que son absence des lieux loués ne lui permet pas toujours de prévenir. La faculté de stipuler la contrainte par corps n'était pas seulement avantageuse aux propriétaires, elle était aussi utile aux fermiers, en ce que ceux d'entre eux qui

sont laborieux et honnêtes pouvaient, en donnant cette garantie, qui ne les exposait pas, prendre des fermes que, sans cela, on ne leur eût confiées que sur de gros cautionnements, toujours difficiles à trouver.

La loi du 13 décembre 1848 est revenu, dans son article 2, sur l'article 2062 du Code Napoléon. Aujourd'hui on ne peut plus, dans un acte de bail, pour le payement des fermages des biens ruraux, stipuler la contrainte par corps. Le législateur de 1848 a statué ainsi parcequ'il a « voulu affranchir de cette voie de rigueur une dette qu'une mauvaise récolte ou un retard éprouvé dans le payement du prix de la vente de ses denrées met souvent le fermier dans l'impossibilité d'acquitter à l'échéance. » Ce sont les expressions mêmes du rapport. Quoi qu'il en soit, nous ne pouvons approuver l'innovation faite par la loi, et nous pensons, avec M. Renouard, qui, dans la discussion, a beaucoup insisté sur ce point, que le propriétaire n'usait jamais de la stipulation de contrainte par corps dans les cas rappelés au rapport ; qu'en pareilles circonstances le propriétaire faisait presque toujours des remises à son fermier.

La stipulation, qui ne peut plus avoir lieu désormais, avait pour but de frapper la fraude ou l'inconduite du fermier. Ce sont là des dangers contre lesquels les propriétaires sont désarmés aujourd'hui. De plus, dans quelques pays, certaines fermes sont maintenant devenues inaccessibles à des fermiers qui, auparavant, les eussent obtenues à loyer en se soumettant à la contrainte par corps. Mais la loi existe ; on ne peut plus stipuler la contrainte par corps dans les baux des biens ruraux.

56. — Des deux cas où le Code Napoléon avait admis la contrainte par corps conventionnelle, il n'en reste plus qu'un seul. L'article 2060, 5°, permet aux cautions des contraignables par corps de se soumettre à la contrainte par corps. Remarquons bien qu'il faut, pour que la stipulation puisse avoir lieu, que le débiteur principal soit contraignable par corps. Cela n'allait pas de soi, car il est bien des cas où la caution est tenue par des voies plus rigoureuses que celui qu'elle cautionne. Le Code a pensé qu'il n'y avait pas d'inconvénient à permettre à la caution de se soumettre conventionnellement à cette voie d'exécution. En effet, la caution n'est pas, vis-à-vis du créancier, dans la même position que le débiteur. Ce dernier, le plus souvent, est obligé d'accepter toutes les conditions qu'on lui impose; la caution peut débattre ses intérêts beaucoup plus librement. Souvent, le débiteur est forcé, par un besoin d'argent, à contracter un emprunt, tandis que rien n'oblige la caution à s'engager. Il n'est pas à craindre alors que la stipulation de contrainte par corps devienne une clause de style dans tous les contrats de cautionnement. Cependant on n'en a autorisé l'usage que dans les cas où la loi prononce la contrainte par corps contre le débiteur principal, parce qu'autrement c'eût été renverser le système du Code, qui ne veut pas que ce moyen rigoureux soit employé hors les cas déterminés. On pouvait bien permettre à la caution, qui n'est pas de plein droit contraignable par corps, de le devenir par convention quand le débiteur principal est soumis à cette voie d'exécution; mais on ne pouvait pas le lui permettre quand la loi a jugé que la cause de la dette princi-

pale n'est pas de nature à entraîner la contrainte par corps.

57. — Dans l'état actuel de la législation, l'exception contenue dans le 5ᵉ de l'article 2060 du Code Napoléon est la seule qui soit faite à la règle, qu'on ne peut stipuler la contrainte par corps dans les conventions. Le principe de la loi est celui-ci : La contrainte par corps ne peut être prononcée qu'en vertu d'une loi formelle. Il nous faut donc rechercher dans quelles circonstances la loi a prononcé la contrainte par corps Mais d'abord, nous dirons que, dans certaines circonstances, elle ordonne au juge d'appliquer cette voie d'exécution, et que, dans d'autres, elle le laisse maître de décider s'il doit y recourir ou n'y recourir point. La contrainte par corps est donc, soit impérative, soit facultative.

58. — Nous parlerons d'abord des cas de contrainte impérative :

1° Le premier que nous rencontrons dans l'ordre du Code Napoléon est le stellionat. Le stellionat est un délit purement civil contre lequel on ne trouve aucune punition dans la loi pénale. On appelait stellionat chez les Romains tout délit innommé, c'est Ulpien qui nous l'apprend dans la loi 3 § 1, ff *Stellionatus* : « Ubicumque titulus criminis deficit, illic stellionatus objiciemus. » Comme le Code prononce la contrainte par corps contre les stellionataires, il eût été dangereux de laisser au mot stellionat un sens aussi large. C'est pourquoi chez nous la loi a déterminé ce qu'elle entend par ce mot ; elle l'a pris dans l'acception qu'il avait le plus généralement dans l'ancienne jurisprudence. Il y a stellionat : 1° lorsqu'on vend un im-

meuble dont on sait n'être pas propriétaire; 2° lorsqu'on l'hypothèque; 3° lorsqu'on présente comme libres des biens hypothéqués; 4° lorsqu'on déclare des
hypothèques moindres que celles qui existent (article
2059); 5° lorsque les maris et les tuteurs, qui ont
manqué de requérir l'inscription des hypothèques légales de leurs femmes ou pupilles, ont consenti
ou laissé prendre des priviléges ou hypothèques sur
leurs immeubles, sans déclarer expressément que lesdits immeubles étaient affectés à l'hypothèque légale
des femmes ou des mineurs. Ainsi le stellionat est dé-
fini d'une manière positive, et il ne s'élèvera plus,
comme autrefois, d'interminables discussions pour savoir si tel ou tel fait présente les caractères constitutifs du stellionat.

59. — Parmi les cinq cas de stellionat admis par
la loi, il ne s'en trouve pas un seul où il soit parlé de
meubles; dans tous il s'agit de vente ou d'hypothèque
d'immeubles. C'est que chez nous, en matière de vente
de meubles, il ne peut y avoir stellionat, comme l'a
très-bien fait observer M. Berlier au Conseil-d'État,
à la séance du 16 frimaire an XII. « En vente de
meubles, dit-il, la tradition se fait de la main à la
main, et nulle action ne reste à celui qui est nanti du
meuble à lui vendu. Il y a bien, dans ce cas, un délit
de la part du vendeur; il y a bien une partie lésée,
mais c'est la personne qui était propriétaire du meuble
et non l'acheteur. » Il n'y a que deux cas où l'acheteur puisse être évincé du meuble à lui vendu et avoir
recours contre le vendeur, c'est si ce meuble est un
objet volé ou trouvé. Si l'objet a été volé, il y a plus
qu'un délit civil, il y a un délit puni par la loi crimi-

nelle; ce n'était donc pas un cas à faire rentrer dans le stellionat. Si l'objet a été trouvé, il est bien vrai que celui qui l'a trouvé et vendu savait n'en pas être propriétaire; mais, en vendant cette chose, il n'a pas eu une intention frauduleuse vis-à-vis de l'acheteur. Tout au plus pourrait-on dire qu'il a voulu préjudicier au véritable propriétaire; mais alors, s'il n'a pas voulu tromper l'acheteur, il n'y a pas stellionat.

En matière de gage, il ne peut pas, lorsqu'il s'agit de meuble, y avoir davantage stellionat, puisque, pour avoir droit sur le gage, il faut en être nanti. On ne peut pas dissimuler la possession d'un créancier antérieur comme on peut cacher des hypothèques préexistantes. Ceci suffit pour expliquer pourquoi l'article 2059 du Code Napoléon n'a parlé ni de la vente, ni de l'engagement des meubles.

60. — D'après ce que nous venons de dire relativement à la vente des meubles, on a compris une chose, c'est qu'une personne peut avoir commis un fait rangé par la loi dans les cas de stellionat sans être stellionataire. Pour être stellionataire et, comme tel, contraignable par corps, il faut, outre la réalisation matérielle d'un des faits prévus par la loi, avoir eu une intention frauduleuse vis-à-vis de celui avec qui on a contracté; car, vis-à-vis d'un autre, peu importe, puisque cet autre n'a pas l'action que le législateur a voulu rendre redoutable par l'adjonction de la contrainte par corps. Pour que cette voie d'exécution soit applicable, il faut une intention frauduleuse; donc si c'est de bonne foi qu'on a fait une déclaration erronée, on n'est pas stellionataire. Le projet de Code qualifiait stellionat la vente d'une chose dont on n'est pas pro-

priétaire. C'est sur les observations du Tribunat, qu'on a changé ces mots en ceux-ci : « Dont on sait n'être pas propriétaire. » Le Tribunat ne voulait pas faire dépendre le stellionat d'un fait, il faisait consister le délit dans l'intention. C'est la vraie doctrine, c'est celle de la loi ; nous venons de l'expliquer.

Un dernier élément du stellionat, c'est le préjudice : en effet, l'intérêt est la mesure des actions. Si le fait classé parmi les cas de stellionat ne nuit pas à celui avec qui on a contracté, de quel droit viendrait-il demander l'application de la contrainte par corps. Mais, du moment où il éprouve un préjudice, quelque léger qu'il soit, il peut agir par l'action du stellionat ; la menace d'un préjudice possible suffit même pour l'autoriser à agir, surtout s'il craint d'être évincé par suite de poursuites hypothécaires, comme cela eut lieu dans l'espèce sui vante qui s'est présentée devant la Cour d'appel de Colmar le 21 février 1827. Une personne avait vendu comme franc de toute hypothèque un bien qui cependant était hypothéqué. L'acheteur, quoiqu'il n'eût pas été inquiété par les créanciers hypothécaires, réclamait son prix, et, prétendant que son vendeur était stellionataire, voulait le contraindre par corps. La Cour, par des considérations de fait, rejeta les conclusions de l'acheteur ; mais c'est là un arrêt qui ne peut faire jurisprudence. Sur cette question, la condamnation de l'opinion qui refuse d'admettre la contrainte par corps, se trouve dans l'article 1599. Cet article permet à celui à qui on a vendu la chose d'autrui de redemander son prix au vendeur, même si la chose n'est pas revendiquée par le véritable propriétaire. Le Code a considéré que l'acheteur avait voulu acquérir une propriété incommutable et non pas une propriété qui peut durer ou ne durer pas, selon le caprice d'un tiers. Eh bien, il en est de même d'un bien hypothéqué. Les créanciers hypothécaires n'ont pas agi, mais ils peuvent agir ; l'acheteur, qui ne veut pas rester sous le coup d'une action possible de leur part, a droit de répéter son prix et de faire prononcer la contrainte par corps contre le vendeur qui est stellionataire ; autrement il faudrait prétendre que l'action ou l'inaction des créanciers hypothécaires change le caractère de la vente qui a été faite, ce qui est inadmissible. L'article 1653 autorise l'acheteur, qui a une juste crainte d'éviction, à retenir son prix d'acquisition jusqu'à ce que le danger d'éviction ait cessé, et cela lorsque la vente a eu lieu dans les termes ordinaires, sans fausse déclaration de la part du vendeur. Cet article 1653, combiné avec l'article 1599, nous fournit un argument *a fortiori* irrésistible, et nous en concluons que l'acheteur qui a payé son prix, trompé par une fausse déclaration peut répéter et soutenir son droit par l'exercice de la contrainte par corps.

61. — Avant de quitter la matière du stellionat, il nous faut examiner une question vivement controversée : c'est celle de savoir si l'article 2136, qui déclare stellionataire le mari ou le tuteur, qui, en donnant une hypothèque sur ses biens, n'a pas fait connaître l'hypothèque non inscrite de sa femme ou de son pupille, est également applicable au cas de vente des biens du mari ou du tuteur. M. Troplong (1) restreint l'article 2136 dans les termes même où il est conçu. La loi n'a

_____
(1) Contrainte par corps, nos 70 et suiv.

prévu que le cas où le mari et le tuteur hypothèquent leurs biens, sans déclarer l'hypothèque légale non inscrite, elle n'a pas prévu celui où ils vendent sans faire cette déclaration, et ce n'est pas l'occasion d'appliquer le brocard : *Ubi eadem ratio, ibi idem jus esse debet.* Selon l'éminent magistrat, il n'y a pas ici *eadem ratio,* parce que la position de l'acheteur est loin de ressembler à celle du créancier postérieur à qui on ne déclare pas une hypothèque légale. En effet, ce créancier n'a aucun moyen de la connaître, quand elle n'est pas inscrite ; et, lorsque cette hypothèque vient à se faire connaître, il est complètement sacrifié. L'acheteur, au contraire, trouve dans la loi un moyen de connaître l'hypothèque légale ou d'en éviter les conséquences ; ce moyen, c'est la purge. C'est à cause de cette différence entre la position du créancier et celle de l'acheteur, que M. Troplong refuse d'étendre, au cas de vente, l'application de l'article 2136. Il ne nous semble pas qu'on puisse adopter une autre opinion. Les arguments sur lesquels elle s'appuie sont assez puissants pour enlever toute espèce de doute sur ce point. Lorsque M. le premier président traite une question, il ne reste ordinairement rien à dire après lui. Cependant, dans cette circonstance nous nous permettrons d'ajouter, aux arguments qu'il a si bien déduits, un autre argument tiré de l'article 2059 du Code Napoléon. Cet article ne déclare pas stellionataire celui qui vend un bien grevé d'hypothèques sans déclarer les hypothèques, parce que l'acquéreur peut obliger les créanciers à se faire connaître dans la quinzaine de la transcription (art. 834 C. proc.) et qu'alors il n'a aucun danger à craindre ; pourquoi voudrait-on que les maris et les tuteurs fussent dans une position pire que celle d'un vendeur ordinaire? Si la loi regardait comme stellionataire celui qui vend un bien hypothéqué sans déclaration, nous comprendrions qu'on voulût lui assimiler les maris et les tuteurs. Mais il n'y a pas d'incohérence dans la loi; au contraire, l'art. 2136 est parfaitement en rapport avec l'art. 2059. Nous dirons, en dernier lieu, que le stellionat a pour conséquence d'entraîner la contrainte par corps, qui est une peine, et qu'alors on ne doit pas l'étendre à des cas autres que ceux qui sont spécialement prévus. Cette raison suffirait, même s'il n'en existait pas d'autres, pour restreindre l'application de l'art. 2136 au cas d'hypothèque.

Le stellionat est un délit odieux, pour lequel la loi se montre toujours d'une juste sévérité. Nous aurons occasion de le remarquer plus loin, lorsque nous parlerons des personnes qui sont exemptées de la contrainte par corps.

62. — 2° Le second cas, où la loi prononce impérativement la contrainte par corps, c'est celui du dépôt misérable. Le déposant qu'un tumulte, un naufrage ou un incendie oblige de se confier à la foi publique, mérite, à raison de son malheur, d'être protégé efficacement. Ceux qui abusent de sa position pour ne pas lui remettre les objets qu'il leur a confiés, doivent être poursuivis avec la plus grande énergie. La loi veut qu'ils soient contraints par corps, art. 2060.

Le dépôt, fait chez un aubergiste, est considéré comme dépôt misérable par d'excellentes raisons que nous n'avons pas à déduire ici; et l'art. 1782 déclare que les voituriers doivent sous ce rapport être assimilés aux aubergistes. Les uns et les autres sont donc contraignables par corps.

Dans le cas de dépôt ordinaire, les principes ne sont plus les mêmes; le dépositaire infidèle est traité moins sévèrement, parce que le déposant doit s'imputer à lui-même d'avoir fait un mauvais choix. Rien ne l'obligeait à confier le dépôt à une personne plutôt qu'à une autre. Si le dépositaire ordinaire n'est pas atteint par la contrainte par corps impérative, il peut l'être quelquefois par la contrainte facultative, v. g. lorsqu'il est condamné à des dommages et intérêts supérieurs à 3oo francs, car nous allons voir bientôt que, dans le cas de condamnation à des dommages et intérêts, les tribunaux peuvent prononcer la contrainte. Mais alors le dépositaire n'est pas contraint par corps en tant que dépositaire, il l'est comme débiteur de dommages et intérêts.

63. — 3° Il y a lieu à la contrainte par corps impérative contre l'individu condamné au possessoire à délaisser un fonds, dont le propriétaire a été dépouillé par voies de fait. En pareil cas, la contrainte a lieu non seulement pour le délaissement, mais encore pour la restitution des fruits perçus pendant l'indue possession et pour le payement des dommages et intérêts adjugés au propriétaire. S'emparer par la force du fonds d'autrui, c'est porter atteinte à la paix publique. Un pareil trouble doit être rigoureusement réprimé; le moyen le plus efficace était de permettre à la partie intéressée, au propriétaire dépouillé, de faire emprisonner le spoliateur récalcitrant. Quelques auteurs (1)

(1) Encyclopédie du droit, v° Contrainte par corps, n° 83.

prétendent que l'emprisonnement ne peut être employé pour vaincre l'obstination du spoliateur, parce que *nemo potest precise cogi ad factum*. Suivant eux, l'art. 2060, 2° ne doit pas être pris à la lettre, mais il signifie que le demandeur au possessoire peut conclure, si le délaissement n'a pas lieu, au payement d'une certaine somme, et que c'est seulement, si cette somme n'est pas payée, qu'il peut exercer la contrainte par corps. Nous ne saurions admettre cette interprétation. En effet, la somme à laquelle on conclut, si le délaissement n'est pas fait, comment l'appellera-t-on? On lui donnera le nom de dommages et intérêts. L'article contient précisément une disposition relative aux dommages et intérêts. S'il veut dire la même chose, lorsqu'il parle du délaissement, il faut avouer que c'est une bien singulière loi que celle qui dit la même chose deux fois dans le même article et en termes qui semblent s'appliquer à deux choses distinctes. Quoi! lorsque le Code dit que la contrainte par corps a lieu pour le délaissement du fonds et pour les dommages-intérêts, c'est comme s'il disait pour les dommages-intérêts seulement? Nous sommes ici en matière exceptionnelle, qu'y a-t-il d'étonnant à ce que la loi ait voulu qu'on pût obliger par l'emprisonnement le spoliateur à délaisser. On dit bien en général, *nemo potest cogi ad factum*, mais ici la loi a formellement voulu que par exception on pût être obligé à délaisser. Les adversaires de cette opinion, qui consiste à prendre les termes de la loi dans leur sens naturel et littéral, opposent des difficultés matérielles d'exécution. Ainsi, ils demandent quelle sera la durée de la contrainte en pareil cas. Nous répondrons sans aucun embarras, que ce

sera la durée fixée par le jugement, et nous avouons
que nous ne voyons pas la difficulté. Ils demandent encore quel moyen le débiteur aurait de faire cesser
l'emprisonnement. Le moyen est bien simple, c'est de
délaisser. Où est ici la difficulté? nous ne saurions le
dire. Nous pensons donc que dans le cas où un spoliateur, condamné au possessoire à délaisser un fonds, se
refuse au délaissement, la contrainte par corps a pour
but de l'obliger à délaisser et non pas seulement à
payer des dommages et intérêts. Lorsqu'au lieu d'être
possessoire, l'action par laquelle on a agi était pétitoire, la contrainte par corps n'est plus impérative,
mais seulement facultative, comme nous aurons occasion de le remarquer bientôt.

64. — 4° Nous placerons ici un cas de contrainte
impérative qui a beaucoup d'analogie avec celui dont
nous venons de parler. L'article 712 du Code de procédure, au titre de la saisie immobilière, dispose que
le saisi qui, après la signification du jugement d'adjudication, ne délaisse pas l'immeuble, peut y être contraint même par corps. Dans ce cas encore, c'est le
fait matériel du délaissement que la contrainte par
corps a pour but de procurer, et non pas le payement
d'une somme allouée comme dommages et intérêts.
Les termes de la loi sont, dans cet article 712, encore
plus expressifs peut-être que dans l'article 2060. Il dit
qu'on enjoint « à la partie saisie de délaisser la possession sous peine *d'y* être contrainte même par corps. »
Le mot *y* représente ceux-ci : *délaisser la possession*,
il n'est donc pas possible de prétendre que c'est un
payement que la loi permet de poursuivre par corps;
c'est bien le délaissement dont la loi veut parler. Cet

article 712, dont le sens est incontestable, nous fournit un précieux argument d'analogie dans la discussion qui s'élève sur le point de savoir si l'article 2060, 2° doit être pris dans son sens apparent, et il vient confirmer l'opinion que nous avons émise précédemment.

65. — 5° Cinquième cas de contrainte impérative. L'article 2060, 3° la prononce pour répétition de deniers consignés entre les mains de personnes publiques établies à cet effet. Pour que cet article puisse être applicable, il faut que le consignataire soit un fonctionnaire public et qu'il ait mission de recevoir les consignations; il faut, de plus, qu'il s'agisse de deniers. L'ordonnance de 1667 et la loi de germinal admettaient la contrainte par corps, quelle que fût la nature de l'objet consigné ; la disposition du Code Napoléon n'est pas aussi étendue.

On a prononcé la contrainte par corps contre les personnes dont il est question dans le 3° de l'article 2060, parce qu'elles ont un peu le caractère de dépositaires nécessaires. En effet, elles sont désignées par l'autorité pour recevoir les consignations, et lorsqu'on les remet entre leurs mains, ce n'est pas à cause de la confiance personnelle qu'elles inspirent, mais à cause de la désignation de l'autorité.

Les personnes auxquelles cet article peut s'appliquer sont le caissier de la caisse des dépôts et consignations à Paris, et ses préposés dans les départements; les huissiers, pour les deniers comptants trouvés chez les saisis, jusqu'à ce que le dépôt en ait été fait, article 590 Code de procédure; les geôliers des maisons d'emprisonnement pour dettes, pour les deniers que le débiteur incarcéré consigne entre leurs mains afin d'obtenir sa liberté (1). Toutes ces personnes reçoivent des consignations ordonnées par la loi. Si les consignations, au lieu d'être forcées, étaient volontaires, les consignataires qui réunissent les qualités mentionnées dans l'article 2060 seraient également contraignables. Ainsi, sont contraignables, les huissiers à qui on a remis de l'argent pour faire des offres réelles, parce que si on n'est pas obligé de faire des offres réelles, on ne peut pas, quand on veut en faire, avoir recours à d'autres personnes qu'aux huissiers. Nous dirons de même des agents de change, dont on est obligé d'employer le ministère quand on veut faire certaines opérations.

66.— 6° Le 3° de l'article 2060 ne parle que des consignations de deniers; le 4° du même article s'occupe des consignations de corps certains. Il prononce la contrainte par corps impérative contre les séquestres, commissaires et autres gardiens qui ne représentent pas les objets à eux confiés. Là, comme dans le cas de délaissement ordonné au possessoire, la contrainte par corps a pour but d'obliger à faire; le fait dont on veut obtenir l'accomplissement, c'est la représentation des objets confiés aux personnes désignées dans le 4° de notre article. Si cette représentation est impossible, le séquestre ou gardien fera preuve de l'impossibilité où il est de représenter l'objet réclamé. S'il n'y a rien à lui reprocher, le tribunal prononcera sa décharge; au contraire, s'il y a dol de sa part, le tribunal usera de l'article 126 du Code de procé-

_____
(1) Art. 798, Code de procédure.

dure. Nous ne pouvons pas admettre que l'article 2060, dans son 4°, prononce la contrainte par corps uniquement pour forcer à payer les sommes auxquelles le séquestre peut être condamné pour inexécution de son obligation, et non pas pour l'obliger à une représentation matérielle des objets séquestrés. D'ailleurs les termes de la loi sont précis ; elle dit : *pour la représentation des choses déposées*, elle ne dit pas pour le payement des dommages-intérêts.

La disposition dont nous nous occupons s'applique-t-elle à tous les séquestres indistinctement, ou bien faut-il faire en ce qui la concerne une distinction entre les séquestres judiciaires et les séquestres conventionnels ? Sur cette question, nous croyons que l'opinion de M. Coin-Delisle doit être adoptée. Remarquant que l'intention des rédacteurs du Code Napoléon, en cette matière, a été de soumettre à la contrainte par corps les personnes qui contractent avec la justice, M. Coin-Delisle ne fait application du 4° de l'article 2060 qu'aux séquestres judiciaires, car les séquestres conventionnels sont des dépositaires volontaires ; le dépôt qui est fait entre leurs mains est un acte de confiance réciproque. Ils ne contractent pas avec la justice ; la justice n'a pas répondu pour eux comme elle répond pour les séquestres judiciaires. Lorsque les séquestres conventionnels ne représentent pas les objets déposés, la foi que la justice doit inspirer aux citoyens n'est pas violée ; il n'y a donc pas nécessité d'employer un moyen aussi rigoureux que celui auquel on a recours lorsque les séquestres judiciaires manquent à leurs devoirs. Cette distinction entre le séquestre judiciaire et le séquestre conventionnel est dans l'esprit de la loi, et quoique l'expression de séquestre employée par l'article 2060 soit générale, nous pensons que la distinction proposée doit être adoptée, surtout si l'on considère que dans ce paragraphe 4° la loi employe aussi d'une manière générale un autre mot, celui de *gardiens*, qui, sans aucune espèce de doute, doit être restreint aux gardiens dont la mission est judiciaire.

À quelles personnes doit-on appliquer cette disposition? Nous mentionnerons en premier lieu celui sur qui on a fait une saisie immobilière, si, à défaut d'opposition, les fermiers des biens saisis ont payé leurs loyers entre ses mains. Le saisi est alors considéré comme séquestre judiciaire pour les sommes ainsi reçues, article 685 Code de procédure; il est donc, sous ce rapport, contraignable par corps.

Ensuite, nous trouvons les gardiens aux saisies-exécutions, il sont établis par l'huissier, qui est dans cette circonstance l'agent de la justice, articles 596 et 597, Code de procédure. Ils peuvent donc, en cas d'infidélité, être atteints par l'article 2060, 4°.

Dans les saisies-brandons, l'article 628, Code de procédure, désigne les gardes champêtres comme gardiens des récoltes saisies. C'est là un mandat judiciaire dont l'inexécution doit entraîner la contrainte par corps. Si les biens saisis sont situés dans plusieurs communes contiguës, et s'il s'est établi un gardien autre qu'un garde champêtre, ce gardien ayant toujours le même caractère, sera traité de la même manière.

Si, dans une saisie-gagerie, le saisi est constitué gardien, suivant la faculté donnée par l'article 821, Code de procédure, ou si c'est le saisissant, aux termes de l'article 823, ils seront l'un et l'autre soumis à la contrainte par corps pour la représentation des objets saisis.

Nous citerons encore la personne chez qui est faite une saisie-revendication, si elle est établie gardienne, article 830, Code de procédure, et le gardien aux scellés apposés, article 914, 10°, même Code.

En dernier lieu se présente la question de savoir si le gérant à l'exploitation, nommé par le juge de paix en cas de saisie d'animaux ou d'ustensiles servant à une exploitation rurale, est contraignable par corps, article 594, Code de procédure. Ce gérant est subrogé au fermier : cette subrogation lui fait-elle perdre le caractère de gardien judiciaire? Voilà comme les auteurs (1) posent la question. Il nous semble que la contrainte par corps sera toujours applicable, quelle que soit l'opinion qu'on embrasse. Si on reconnaît au gérant à l'exploitation le caractère de gardien établi par la justice, il sera contraignable en vertu de l'article 2060, 4°; si, par suite de la subrogation, dont nous venons de parler, on lui reconnaît le caractère de fermier, il peut être soumis à la contrainte par corps, dans le cas où le tribunal croit ce moyen d'exécution nécessaire; car, ce qu'il doit représenter, ce sont des animaux et des ustensiles servant à l'exploitation, article 594, Code de procédure, et l'article 2062 du Code Napoléon, dans sa disposition qui n'est pas abrogée, permet d'appliquer la contrainte par corps contre les fermiers qui ne représentent pas les objets dont il s'agit. Le jugement qui prononcerait la contrainte échapperait donc à la cassa-

____

(1) Troplong, n° 138.

tion. En cet état de choses, le plus sûr de beaucoup est d'appliquer au gérant à l'exploitation la contrainte par corps, s'il ne représente pas les objets à lui confiés par le juge de paix.

Outre les séquestres et les gardiens, l'article 2060 cite aussi les commissaires. C'est que dans l'ancienne procédure il y avait des commissaires aux saisies réelles : à raison de leur caractère judiciaire, l'ordonnance de 1667 (1) et la loi de germinal (2) avaient prononcé contre eux la contrainte par corps. Lors de la rédaction du Code Napoléon, on ne savait pas quel système de procédure on adopterait, on maintint donc le mot *commissaires*. Mais, lors de la confection du Code de procédure, on ne conserva pas l'institution des commissaires aux saisies réelles. La disposition de l'article 2060, en ce qui concerne les commissaires, n'a donc aucune portée aujourd'hui.

67. — 7° Les cautions judiciaires sont soumises à la contrainte impérative. Nous avons vu précédemment que les cautions des contraignables ne peuvent être emprisonnées que s'il y a eu contre elles stipulation expresse de contrainte par corps. Nous ne reviendrons pas sur ce que nous avons dit à cette occasion, et nous ne parlerons que des cautions judiciaires.

Voici une question qui divise beaucoup les auteurs et qui est extrêmement controversée. Il s'agit de savoir si une soumission expresse est nécessaire pour les cautions judiciaires, si les mots, *lorsqu'elles se sont soumises à cette contrainte*, s'appliquent aussi bien à

____

(1) Titre XXXIV, art. 4.

(2) Titre I⁰ʳ, art. 2.

ces cautions qu'à celles des contraignables par corps. Les partisans de l'opinion affirmative invoquent le sens apparent de l'article 2060, qui, à le prendre à la lettre, exige une soumission aussi bien des premières cautions, dont il parle, que des secondes. Ils argumentent aussi de la fin de l'article 519, Code de procédure. Cet article établit les règles de la réception des cautions, et il dit que la caution doit, quand elle est acceptée, faire sa soumission à la contrainte par corps, *s'il y a lieu à contrainte*. On conclut de là que la contrainte n'a pas lieu de plein droit, et qu'elle a besoin d'être stipulée. Cet article 519, ce nous semble, ne prouve rien ; le *s'il y a lieu*, s'applique aux cautions, qui sont fournies en vertu d'un jugement et qui, cependant, ne sont pas judiciaires. Il arrive souvent, en effet, que le juge ordonne de fournir une caution prescrite par la loi ou par la convention des parties ; et, alors cette caution n'est pas judiciaire. **La distinction que nous faisons ici n'est pas inventée pour le besoin de la cause**, car elle existait déjà avant que le Code de procédure ne fût rédigé. Pothier l'avait faite, dans son traité de la procédure civile, au chapitre *de la contrainte par corps*, § 1. Il parle d'abord « des cautions judiciaires proprement dites, c'est-à-dire, de ceux qui se rendent caution ou pour l'exécution provisoire d'un jugement ou pour surséance à l'exécution d'un jugement ». Celles-là étaient tenues par corps par la jurisprudence, car l'ordonnance était muette en ce qui les concernait. Puis Pothier ajoute : « A l'égard des autres cautions, qui sont données pour satisfaire aux dispositions des coutumes, comme pour jouir d'un usufruit, quoiqu'elles soient reçues en justice, elles ne sont point sujettes à la contrainte par corps. » L'article 519 s'occupe des cautions qui sont reçues en justice; ces cautions peuvent être données, soit dans des cas qui n'entraînent pas la contrainte par corps v. g., dans celui d'usufruit cité par Pothier, soit dans des cas où le débiteur principal est contraignable. C'est parce que la loi a prévu ces diverses hypothèses, que l'on trouve dans l'article 519, le *s'il y a lieu*, sur lequel on s'appuye. Avec cette interprétation, qui nous paraît être la bonne, il n'y a pas à se préoccuper du Code de procédure, son article 519 ne s'appliquant pas aux cautions judiciaires, mais aux cautions reçues en justice, ce qui est bien différent.

Reste donc, contre l'opinion à laquelle nous nous rangeons la rédaction de l'article 2060, 5°. Pour détruire cet argument, il nous faut faire ce qu'on a déjà fait bien des fois dans la discussion de cette question, il nous faut recourir aux travaux préparatoires du Code Napoléon et rappeler que dans la rédaction primitive il y avait simplement : « La contrainte par corps a lieu... 5° contre les cautions judiciaires... »; il n'était pas parlé pour elles de soumission conventionnelle. Dans une seconde rédaction, on a ajouté « et contre les cautions des contraignables par corps, lorsqu'elles se sont soumises à cette contrainte ». La restriction n'a été mise qu'avec l'addition; elle ne doit produire d'effet que sur ce qui a été ajouté et non pas sur ce qui était déjà établi sans restriction. Ceci est palpable, et ce qui prouve encore que la restriction ne doit pas être étendue aux cautions judiciaires, ce sont les motifs pour lesquels ces cautions sont soumises à la contrainte impérative. Elles contractent avec la justice directement, elles répondent de l'exécution de la sentence, comme les séquestres et les gardiens répondent des objets qui leur sont confiés. La position des cautions judiciaires est identique à celle des séquestres et gardiens; la décision de la loi devait être la même pour les uns et pour les autres. En l'absence d'autres arguments, la nature des obligations de la caution judiciaire suffirait donc pour faire décider que les mots *lorsqu'elles se sont soumises à cette contrainte*, ne doivent pas leur être appliqués.

68. — 8° Tous les officiers publics sont soumis à la contrainte par corps pour la représentation de leurs minutes quand elle est ordonnée; c'est le huitième cas de contrainte impérative. « Lorsqu'il est ordonné à des officiers publics de représenter leurs minutes, a dit M. Bigot de Préameneu au Corps Législatif, s'ils s'y refusent, ils arrêtent le cours de la justice, ils enfreignent un des devoirs sous la condition desquels ils ont été admis à remplir leurs fonctions, ils violent la foi publique; ils doivent être contraints par corps. » Telles sont les raisons qui ont fait introduire dans la loi le 6° de l'article 2060.

Sous le nom d'officiers publics sont compris les notaires, greffiers, archivistes, officiers de l'état civil, conservateurs des hypothèques, enfin tous ceux que la loi a constitués gardiens des originaux des actes. Ils sont contraignables non-seulement pour la représentation des actes qui ont été passés par eux ou dont ils sont les rédacteurs officiels, mais aussi pour celle des actes qui ont été déposés entre leurs mains par les parties, v. g., un notaire qui refuserait de représenter un acte sous-seing privé, déposé d'un commun accord dans son étude par les parties intéressées, s'exposerait à y être contraint par l'emprisonnement de sa personne. Nous trouvons une application du principe de l'article 2060, 6°, dans l'article 201 du Code de procédure : « Si, dans une vérification d'écriture, les pièces de comparaison sont entre les mains de dépositaires publics, et qu'ils refusent de les apporter au lieu où se fait la vérification, ils s'exposent à la contrainte par corps. » L'article 201 n'est que le corollaire de l'article 2060, 6°, qui eût suffi pour faire prononcer la contrainte, même en l'absence de disposition spéciale pour le cas dont traite l'art. 201.

69. — 9° Certains officiers publics sont encore astreints à une autre obligation, c'est celle de délivrer des expéditions des actes, dont les minutes sont chez eux. L'article 839 du Code de procédure prononce la contrainte impérative contre ceux d'entre eux qui refuseraient des expéditions aux personnes qui ont le droit d'en demander.

70. — 10° Il est d'autres personnes qui, sans être dépositaires publics, ont cependant un dépôt précieux à restituer aux parties intéressées et à la justice; ce sont celles qui ont été témoins des faits qui donnent lieu à un procès. Leur devoir est d'éclairer la justice, en lui facilitant, autant qu'elles le peuvent, les moyens de découvrir la vérité. Refuser son témoignage, c'est entraver le cours de la justice, c'est être, dans une certaine mesure, rebelle à la loi. On comprend alors l'article 264 du Code de procédure, qui dispose qu'après deux assignations restées sans effet, les témoins défaillants seront condamnés, et *par corps*, à une amende de 100 francs. Ceci s'applique aux témoins en matière

civile; il existe une disposition analogue en matière criminelle, article 80 du Code d'instruction criminelle.

71. — 11° L'article 2060, qui nous occupe depuis longtemps, se termine en prononçant la contrainte impérative contre les notaires, les avoués et les huissiers, pour la restitution des titres à eux confiés et des deniers par eux reçus pour leurs clients par suite de leurs fonctions. La loi du 13 décembre 1848 a étendu cette disposition aux greffiers, aux commissaires-priseurs et aux gardes du commerce. Tous ces officiers publics doivent remettre, sous peine de contrainte par corps, les titres qui leur ont été confiés, qu'ils les tiennent de leurs clients, des adversaires de leurs clients ou de toute autre personne. Il n'y a pas de difficulté à cet égard, et c'est par application de ce principe que l'article 191 du Code de procédure prononce la contrainte par corps contre l'avoué qui n'a pas rétabli dans les délais les pièces par lui prises en communication. Nous ferons remarquer ici que c'est le fait matériel de la remise que la contrainte a pour but de procurer ; l'article dit : « Il sera contraint à cette remise, incontinent et par corps. » Et ce qui prouve qu'il ne peut pas s'agir des dommages-intérêts représentant la remise, c'est que la loi ajoute : « Même à payer 300 francs par chaque jour de retard. » Cet exemple, joint à ceux que nous avons rapportés précédemment, détruit, ce nous semble, l'opinion qui consiste à prétendre que la contrainte par corps ne peut être exercée pour faire exécuter un fait, mais seulement pour forcer à un payement. Voilà pour les titres.

Quant aux deniers reçus par les officiers publics dont nous parlons, il s'élève une assez grande difficulté. La loi parle des deniers qu'ils ont reçus pour leurs clients. Sont-ils aussi contraignables pour les deniers qu'ils ont reçus de leurs clients? Quelques auteurs, entre autres Delvincourt et M. Coin-Delisle (1), prétendent qu'ils ne le sont pas. L'unique argument, sur lequel cette opinion peut s'appuyer, est celui-ci : La contrainte par corps est une voie de rigueur extraordinaire qu'il ne faut pas étendre par analogie. La loi ne parle que des sommes reçues pour les clients, elle ne parle pas des sommes reçues des clients; on ne doit donc pas appliquer la contrainte par corps dans ce dernier cas.

L'opinion opposée nous paraît mieux fondée. Nous ne comprendrions pas que la loi eût distingué entre les titres et les deniers. D'ailleurs, que les deniers soient donnés ou *pour* ou *par* le client, qu'importe au respect de l'officier public? Est-il moins comptable dans un cas que dans l'autre? Du reste, l'orateur du Gouvernement au Corps Législatif a expliqué la loi d'une manière générale et sans distinction. Si c'est ainsi qu'elle était comprise par ses auteurs, c'est ainsi que nous devons la comprendre aujourd'hui, et elle l'a été dans ce sens par MM. Duranton (2) et Troplong (3), et par un arrêt où la Cour de Douai a jugé la question *in terminis* le 29 mai 1839.

(1) P. 20, n° 25.

(2) Tome 18, n° 459.

(3) N° 171.

Pour que les officiers publics dont nous parlons soient contraignables par corps pour la restitution des titres ou des deniers, il faut qu'ils les aient reçus par suite de leurs fonctions. La loi est formelle sur ce point. Quant à décider dans quels cas ils sont dépositaires par suite de leurs fonctions, et dans quels cas ils le sont indépendamment de leur qualité officielle, c'est ce qu'on ne peut pas faire *à priori*, à cause de la variété et de la multiplicité des espèces possibles. Nous dirons cependant que les notaires, qui font faire de mauvais placements, sont soumis à la contrainte par corps pour les restitutions auxquelles ils sont condamnés. C'est ce que vient de juger la Cour d'appel de Paris (1re chambre), dans un arrêt inédit du 23 novembre 1852.

Nous avons dit que la loi de 1848 avait étendu aux commissaires-priseurs, aux gardes du commerce et aux greffiers la disposition du 7° de l'article 2060 du Code Napoléon ; c'est que les commissaires-priseurs et les gardes du commerce exercent des fonctions qui sont un démembrement de celles des huissiers ; il y avait donc lieu de les traiter de la même manière que les huissiers. Du reste, c'est ce que la doctrine décidait antérieurement à la nouvelle loi.

La raison pour laquelle les greffiers ont été compris dans cette extension, nous est donnée par Loyseau ; de son temps, les greffiers étaient responsables par corps des consignations faites au greffe. Il dit (1) que si la contrainte par corps n'avait pas lieu contre les greffiers, « il seroit bien mal aisé d'avoir raison d'eux,

____

(1) *Officer*, liv. II, ch. 6, nombre 31.

et seroit bailler la brebis à garder au loup, combien que l'asseurance doive estre parfaite, et l'exaction toute prompte, en ce qui est déposé au temple de justice. »

72. — 12° En dernier lieu, nous parlerons de la contrainte impérative, qui est prononcée contre certains acheteurs, adjudicataires ou enchérisseurs. Dans plusieurs cas, l'ancien droit les considérait comme contraignables par corps. L'article 51, titre 32 de la la *Coutume du Nivernais*, s'exprimait en ces termes : « Le dernier enchérisseur est contraint par détention et emprisonnement de sa personne, sans autre discussion, consigner au greffe les deniers de son enchère dedans huit jours. » Et Coquille, sur cet article, dit : « Selon l'usance ordinaire de ce royaume, tous achepteurs de biens de justice sont obligés par corps à payer le prix. » Les acheteurs de certaines denrées nécessaires à la consommation de chaque jour l'étaient également.

« Tous acheteurs de bestail, vins, bleds et autres victuailles, s'ils ne payent comptant, ou si on ne leur baille terme et delay de payer, seront contraints, après la délivrance, par prison, promptement et sans commission par escrit, sous le simple congé du juge et à l'assertion de partie faite par serment par-devant le dict juge. . . . . . sans, pour ce, pouvoir user et jouyr des respits de un à cinq ans, ne de cession de biens. . . . . . »
(Même Coutume, même titre, article 22.)

L'article 428 de la Coutume d'Orléans disposait absolument de même.

« Tous acheteurs de bestial, vin, bled et autres grains, achepté en marché public, encore que lesdits bled et vin ne fussent achepté que sur le simple témoin; ensemble tous acheteurs de poisson, tant d'eau douce que de mer, sont contraincts au payement par prison après la huitaine, sans pouvoir jouyr du bénéfice de cession, ny de respit d'un an et de cinq ans. »

Aujourd'hui, les acheteurs en marché public de denrées nécessaires à la subsistance ne sont plus tenus par corps; mais les acheteurs de biens de justice le sont encore dans certaines circonstances. Ainsi, le fol-enchérisseur est tenu, par corps, pour le payement de la différence entre son prix d'acquisition et celui de la vente sur folle-enchère (articles 710 et 740 C. procéd.). La crainte de l'emprisonnement empêche qu'on ne se laisse imprudemment aller à acheter ce qu'on ne peut pas payer. Les adjudicataires des bois de l'État et les fermiers de la pêche fluviale sont contraignables pour le payement du prix des adjudications (articles 28 C. forestier, et 22. Loi du 15 avril 1829).

73. — Nous avons épuisé les cas où la contrainte par corps est impérative, il nous reste à examiner ceux où elle est simplement facultative.

1° L'article 2061 dit que les juges peuvent prononcer la contrainte par corps contre ceux qui, par un jugement rendu au pétitoire et passé en force de chose jugée, ont été condamnés à désemparer un fonds et qui refusent d'obéir. Au possessoire, la contrainte est impérative, parce que celui qui dépouille un possesseur par la force ne peut jamais prétexter qu'il est de bonne foi, et parce que sa conduite appelle toute la sévérité de la loi. Celui qui, nanti de la possession, soutient un procès au pétitoire, est dans une position normale; on n'a rien à lui reprocher dans sa manière d'agir. Mais si, après que la justice a prononcé, il refuse de se soumettre à ses arrêts, la bonne foi qui l'avait protégé jusqu'alors cesse tout d'un coup ; et, comme il faut que les tribunaux puissent faire respecter et exécuter leurs décisions, on leur a permis de prononcer la contrainte par corps par un second jugement, quinzaine après la signification du premier, si dans ce délai de quinze jours il n'a pas été obéi. Remarquons qu'il faut deux jugements distincts ; on ne pourrait mettre dans le dispositif du premier jugement que si la partie condamnée n'a pas désemparé le fonds quinze jours après la signification, elle y sera contrainte par corps. On a voulu que les juges ne se prononçassent qu'après avoir pris connaissance des causes de désobéissance, et ils n'auraient jamais pu les connaître au moment où ils décident la question de possession.

74. — 2° Les fermiers et les colons partiaires peuvent être contraints par corps, faute par eux de représenter, à la fin du bail, le cheptel de bétail, les semences et les instruments aratoires qui leur ont été confiés ; à moins qu'ils ne justifient que le déficit de ces objets ne procède pas de leur fait. Voilà le second cas de contrainte facultative. Rien de semblable n'existait dans l'ancien droit, c'est la loi de germinal (1) qui a pour la première fois introduit dans le droit cette disposition que nous retrouvons au Code Napoléon. Sous l'empire de l'ordonnance de 1667, il était permis de stipuler la contrainte par corps des fermiers; si le propriétaire ne la stipulait pas, il ne pouvait se plaindre qu'à soi-même de sa propre négligence. La loi de ger-

(1) Titre Iᵉʳ, art. 1.

minal abolit la stipulation permise auparavant, elle ne voulut pas que le fermier pût se rendre contraignable par corps pour le payement de ses fermages ; elle reconnut cependant qu'il devait l'être lorsqu'il viole un dépôt qui lui a été confié pour l'exploitation de la ferme, et lorsque, par cette violation, il porte atteinte aux intérêts de l'agriculture, en privant son successeur des objets les plus nécessaires à la culture de la terre. Nous avons vu que le Code, tout en conservant l'innovation de la loi de germinal, avait rétabli le principe de l'ordonnance. Depuis, la loi de 1848 en est revenu purement et simplement à celle de l'an VI.

75. — 3° L'article 3 du titre 34 de l'ordonnance était ainsi conçu : « Pourront aussi, les tuteurs et curateurs, estre contraints par corps, après quatre mois, pour les sommes par eux deues à cause de leur administration, lorsqu'il y aura sentence, jugement ou arrêt deffinitif, et que la somme sera liquide et certaine. » Cette disposition n'avait été reproduite ni par la loi de germinal an VI, ni par le Code Napoléon. Quelque temps après la promulgation de ce Code, on sentit la nécessité de revenir à ce qui était édicté par l'ordonnance et on combla la lacune qui existait dans le nouveau Code par un article du Code de procédure. L'article 126 dispose qu'il est loisible aux juges de prononcer la contrainte par corps pour reliquats de comptes de tutelle, curatelle..... et pour toutes restitutions à faire par suite desdits comptes. Cet article est calqué sur celui de l'ordonnance, qui, dans le cas qui nous occupe, ne prononçait pas la contrainte impérative ; elle s'en remettait aussi à la prudence du juge, comme l'indique le mot *pourront*. Cependant, M. Trop-

long enseigne (1) que, sous l'ordonnance, la contrainte avait lieu de plein droit contre les comptables dénommés audit article.

76. — 4° Le quatrième cas de contrainte facultative se trouve aussi dans l'article 126 du Code de procédure. La contrainte par corps, aux termes de cet article, peut être prononcée pour dommages et intérêts, en matière civile, au-dessus de la somme de 300 fr. La loi de germinal et le Code Napoléon étaient muets sur ce point comme sur le précédent. En 1806, on avait éprouvé les inconvénients de leur silence et on en revint encore à ce qu'avait établi l'ordonnance de 1667. L'article 2 de son titre 34 disposait que la contrainte par corps après les quatre mois pouvait être ordonnée pour dommages et intérêts au-dessus de deux cents livres. Elle pouvait l'être également pour les dépens. A cet égard, le Code de procédure s'est écarté de l'ordonnance. La contrainte par corps est une voie rigoureuse qui ne doit être employée que dans des cas exceptionnels. Si les tribunaux pouvaient la prononcer dans chaque procès pour les dépens, il serait à craindre qu'on n'en fît un usage trop fréquent. Quant aux dommages et intérêts, ils ont un caractère pénal qui permet qu'on en assure le payement par un moyen de contrainte dont l'exécution a aussi en soi quelque chose de pénal. C'est aux tribunaux à discerner avec leur sagacité et leur prudence habituelles les cas où il faut prononcer la contrainte par corps et ceux où il n'y a pas lieu de recourir à un pareil moyen de coërcition.

La Cour d'Orléans nous paraît avoir tracé une règle

(1) N° 235.

que les tribunaux peuvent suivre en toute sécurité. Elle dit (1) que « l'intention du législateur a été que les magistrats n'usassent de la faculté de l'article 126 que lorsque le débiteur se trouve dans un cas défavorable; par exemple, lorsqu'il a contracté de mauvaise foi ou lorsqu'il paraît que son insolvabilité n'est pas réelle et qu'il a encore des ressources qu'il cache à ses créanciers. »

Nous venons de dire que la contrainte par corps n'avait plus lieu aujourd'hui pour les dépens. Mais si les dépens sont adjugés comme dommages et intérêts, que doit-on décider? Dans un arrêt du 29 février 1832, la Cour d'appel de Toulouse a jugé que la contrainte par corps ne pouvait pas être prononcée. Cette Cour considère comme choses distinctes les dépens et les dommages-intérêts, et elle ne veut pas que, dans une matière qui touche à la liberté individuelle, on puisse éluder la loi en qualifiant dommages-intérêts la condamnation aux dépens. Nous pensons que c'est là une question qui ne peut pas se juger en principe et dont la solution doit dépendre des circonstances. Le principal argument de la Cour de Toulouse et des partisans de sa doctrine (1) est qu'il est à craindre que la qualification de dommages-intérêts donnée aux dépens ne soit un détour. Raisonner ainsi, c'est se défier de ceux mêmes en qui la loi a placé sa confiance. Il nous semble qu'il n'y a pas de défiance à avoir, puisque la contrainte par corps ne pourra être appliquée que par les tribunaux, qui, à cet égard, sont souverains apprécia-

(1) Dans un arrêt du 16 mars 1839.
(2) Troplong, n° 217.

teurs. La contrainte ici est facultative, il ne suffit donc pas que la partie conclue à son application pour qu'elle soit prononcée, comme cela se pratique quand elle est impérative. Pourquoi les juges, qui croyent que les dépens suffisent comme dommages-intérêts, ne pourraient-ils pas assurer à la partie gagnante, par un moyen énergique, le recouvrement des dépens qu'ils lui adjugent ? Est-il donc à craindre que les magistrats se servent de la loi pour frauder la loi ? On prétend que les dépens ne peuvent se confondre avec les dommages et intérêts. Cependant, lorsqu'un jugement dit que les dépens tiendront lieu de dommages et intérêts, il y a là une confusion qu'il n'est pas possible de nier. La même somme est due à deux titres divers, à titre de dépens et aussi à celui de dommages-intérêts, et c'est à ce dernier titre seulement qu'on pourra en poursuivre le recouvrement par la contrainte par corps, si le tribunal croit devoir ordonner cette voie d'exécution. Nous pensons donc que l'article 126 du Code de procédure comprend dans sa généralité le cas où les dommages-intérêts ne sont autres que les dépens mêmes du procès.

77. — Le Code de procédure nous présente plusieurs autres cas de contrainte facultative.

5° L'article 534 permet aux tribunaux, s'ils l'estiment convenable, de la prononcer contre tout comptable, même autre qu'un tuteur ou curateur, pour l'obliger à rendre son compte, s'il ne l'a pas rendu dans le délai fixé par le juge-commissaire.

6° La contrainte peut encore être prononcée contre les avoués qui, dans une instruction par écrit, ne rétablissent pas dans les délais de la loi les productions par eux prises en communication (art. 107 C. proc.);

7° Et contre toute personne qui, n'ayant pas de caractère public, est dépositaire de pièces qui peuvent servir de comparaison dans une instance en vérification d'écritures (art. 201 même Code).

8° Celui qui dénie une pièce, émanant de lui, peut être contraint par corps pour l'amende, les dépens et les dommages-intérêts de la partie (art. 213).

9° L'article 221 dispose de même pour la personne non fonctionnaire public {qui se trouve dépositaire d'une pièce arguée de faux, si elle ne l'apporte pas au greffe, conformément à l'ordonnance du juge-commissaire.

10° Enfin, l'article 320 dit qu'en cas de retard ou de refus de la part des experts de déposer leur rapport, ils pourront être condamnés, même par corps, s'il y échet à en faire le dépôt.

78. — Le principe général de la loi, en ce qui concerne l'application de la contrainte par corps, est que, dans les cas prévus et déterminés, elle a lieu contre toute personne. A ce principe il y a des exceptions. Maintenant que nous savons quand la contrainte doit ou peut être prononcée, nous allons rechercher quelles sont les personnes exceptées de la règle générale.

1° Dans notre ancien droit, les ecclésiastiques ne pouvaient être contraints par corps. C'était une de leurs immunités. Elle remontait au moyen-âge. Le premier ouvrage où nous la trouvions relatée est le coutumier anglo-normand qu'on appelle *Fleta*. Il dit : *Quod creditor corpus debitoris capiat, si laïcus sit,* ce qui amène forcément à ajouter : *si clericus sit, non capiat.* L'ordonnance de Blois avait, dans son article

57, consacré d'une manière formelle le privilége de l'Eglise. Elle s'exprimait ainsi : « Art. 57. Les personnes constituées ès-ordres sacrés ne pourront, en vertu de l'ordonnance faite à Moulins, estre contraints par emprisonnement de leurs personnes, ni pareillement pour le payement de leurs dettes, estre exécutés en leurs meubles destinés au service divin, ou pour leur usage nécessaire et domestique, ni en leurs vivres. » Cependant, les ecclésiastiques pouvaient se soumettre à la contrainte par corps par une convention expresse, et alors, s'ils n'exécutaient pas leurs engagements, ils étaient incarcérés dans la prison de l'évêque. C'est ce que nous apprend le passage suivant de Coquille (1) : « Par l'édit de Blois, les prestres sont déclarez n'estre subjects à l'édict de l'emprisonnement à faculté de payer dans les quatre moys, mais, comme dict est, si par paction expresse ils sont obligez à pryson, ils tiendront pryson en la pryson de leur évesque et non en la laye. » Ils pouvaient être aussi condamnés par corps si, par quelque fourberie insigne, ils s'étaient rendus indignes de leur privilége (2). Aujourd'hui, aucune disposition ne place les ecclésiastiques en dehors du droit commun.

79. — 2° Dans l'ancien droit, il était aussi de jurisprudence que les mineurs étaient exempts de la contrainte par corps pour dettes civiles (3). Ils le sont également aujourd'hui. L'article 2064 du Code Napoléon dit que, même dans les cas ci-dessus énoncés, la contrainte par corps ne peut être prononcée contre les

---

(1) Nivernois, ch. 2, art. 8.
(2) Pothier, Procéd. civ., ch. de la Contrainte par corps, § 2, 1°.
(3) Pothier, loc. cit., 4°.

mineurs. Cet article est conçu en termes généraux ; il s'applique donc aussi bien aux mineurs émancipés qu'aux mineurs non émancipés. Partout la loi se préoccupe de l'intérêt des mineurs; elle protége la faiblesse de leur âge; c'est pour cela qu'elle ne veut pas qu'ils puissent être emprisonnés en matière purement civile. En effet, Bigot de Préameneu disait au Corps Législatif : « Si on voulait exercer la contrainte par par corps pour l'accomplissement d'une obligation contractée par un mineur, il opposerait la loi qui le met à l'abri de toute lésion par suite de ses engagements personnels. Il n'est point de lésion plus grave que la privation de la liberté. La loi lui fait supporter la peine de ses délits; mais nul, en matière civile, ne peut le priver du privilége de la minorité. » Ce privilège de la minorité est de ne pas être emprisonné, et c'est l'emprisonnement du mineur qui constitue la lésion contre laquelle il est restituable; lorsque le mineur est devenu majeur, il ne peut plus ni invoquer le privilége, ni arguer de la lésion. Il nous semble donc que la contrainte par corps ne peut être prononcée contre un majeur pour les dettes qu'il a contractées valablement pendant sa minorité. C'est la solution donnée par Jousse (1) et par M. Duranton (2). Ils s'appuyent avec beaucoup de raison sur le caractère de la contrainte par corps. C'est un mode d'exécution qu'on ne peut pas employer contre les personnes d'un âge faible, parce qu'il est trop rigoureux, mais qu'on doit pouvoir employer dès que le motif qui en empêchait

(1) Sur l'art. 9, tit. XXXIV, ord. 1667.
(2) Tom. XVIII, nomb. 175.

l'exercice n'existe plus. Les adversaires de cette opinion lui fournissent eux-mêmes des armes. Parmi eux,
M. Troplong dit à deux reprises (1) que le motif qui a
dicté l'article 2064 est que « l'âge du développement
ne doit pas se passer dans l'air de la prison et dans la
contrainte personnelle »; que « l'âge de la minorité ne
doit pas s'écouler dans les prisons ». Nous trouvons
dans ces paroles un argument pour l'opinion que nous
avons adoptée. En décidant que le mineur devenu majeur est contraignable, nous n'allons pas contre l'intention de la loi; l'âge de la minorité ne s'est pas
écoulé dans la prison, on ne l'y placera qu'à l'âge où
la loi a jugé l'homme assez fort pour être soumis à
cette voie d'exécution. La lésion, ce serait, d'après les
adversaires, l'emprisonnement pendant la période du
développement physique; quand cette période est terminé, l'emprisonnement n'est plus lésif; il peut donc
être prononcé si l'obligation a été valablement constaté et si l'on se trouve dans l'un des cas prévus.

80. — Dans beaucoup de circonstances, la loi assi-
mile les interdits aux mineurs. Nous ne voyons pas
qu'il en soit ainsi dans le titre dont nous nous occupons. Faut-il suppléer au silence de la loi et déclarer
que l'exception faite pour les mineurs doit être étendue aux interdits? Nous ne le croyons pas. Le principe qui domine la matière est que toute personne est
contraignable par corps; on ne peut, à un principe si
général, faire d'autres exceptions que celles qui sont
spécialement établies. Il faut donc admettre que la
contrainte par corps peut être prononcée contre eux;

(1) Nos 212 et 217.

mais hâtons-nous d'ajouter qu'on ne l'exécute pas. Ce serait le comble de l'inhumanité que d'employer un moyen coërcitif contre des gens qui n'ont ni la liberté, ni l'intelligence de leurs actions. Quoiqu'elle ne s'exécute pas contre eux, il n'est pas indifférent qu'elle soit ou qu'elle ne soit pas prononcée. L'interdit peut revenir à la raison; alors il est important pour le créancier que la contrainte ait été prononcée dans le jugement de condamnation, car elle ne pourrait pas l'être par un jugement postérieur. C'est par ce motif qu'après la suspension de la contrainte par corps ordonnée par la loi du 9 mars 1848, on continue, dans les jugements, à prononcer la contrainte; il fallait que, le jour où la suspension cesserait, les créanciers pussent invoquer un droit remontant au jugement même de la condamnation.

81. — 3° C'est la faiblesse de l'âge qui a fait faire une exception pour les mineurs, c'est elle aussi qui en a fait faire une pour les vieillards. Les septuagénaires ne sont pas contraignables par corps (art. 2066). Avant le Code Napoléon, sous l'empire de l'ordonnance comme sous celui de la loi de germinal, on n'était pas d'accord sur ce qu'on devait entendre par septuagénaire. Pothier (1) pensait, avec plusieurs arrêts du parlement de Paris, que le septuagénaire est celui qui a accompli sa soixante-dixième année, et non pas celui qui l'a atteinte. Le Code a tranché la question en faveur de la liberté : il déclare que, pour jouir de l'exception de la contrainte par corps, il suffit que la soixante-dixième année soit commencée. C'est là un

(1) Procéd. civ., ch. de la Contrainte par corps, § 2, nomb. 3.

privilége honorifique; on en a fixé la jouissance au commencement et non à la fin de la soixante-dixième année parce que, « en honneurs, l'an commencé est réputé accompli, » comme disait le chancelier de L'Hospital au parlement de Rouen, en provoquant la déclaration de majorité du Roi Charles IX.

Lorsque des dettes entraînant la contrainte par corps ont été contractées par un débiteur qui n'est pas septuagénaire, s'il l'est devenu au moment de la condamnation, il ne sera pas contraint; si le débiteur atteint sa soixante-dixième année en prison, il doit immédiatement être mis en liberté. Tout ceci prouve que la contrainte par corps est un mode d'exécution à l'exercice duquel l'âge seul est un obstacle; la décision universellement admise, en ce qui touche les septuagénaires, n'est que le corollaire de l'opinion que nous avons soutenue relativement au mineur devenu majeur. Nous nous étonnons que beaucoup d'auteurs, qui nient la proposition principale, professent cependant le corollaire.

Il n'y a qu'un cas où les septuagénaires sont soumis à la contrainte par corps, c'est celui où ils se sont rendus coupables de stellionat. Le Code se montre partout sévère contre le stellionat, c'est un délit odieux qu'on ne saurait réprimer trop énergiquement; le septuagénaire qui le commet se dégrade lui-même et se rend indigne du privilége honorifique accordé à la vieillesse.

82. — 4° Après avoir parlé de la faiblesse de l'âge, nous parlerons de la faiblesse du sexe. Les femmes et les filles ne sont pas contraignables par corps, article 2066. C'est là une disposition très-ancienne dans

notre droit français: on trouve, en effet, dans le grand Coutumier que « par usage de court leic femme soit mariée ou aultre ne doibt tenir pryson'por quelcunque cas civil quel qu'il soit. » Nous avons fait remarquer plus haut que L'Hospital, dominé par la pensée de faire respecter la justice, avait rendu à la contrainte par corps une partie de son ancienne rigueur, aussi ne faut-il pas nous étonner si l'ordonnance de Moulins n'excepta pas de la contrainte par corps les femmes et les filles. Sur beaucoup de points, et entre autres sur celui-ci, l'ordonnance de 1667 revint sur celle de 1566: son article 8, au titre 34, contenait la disposition que nous trouvons dans l'article 2066 du Code Napoléon. Il n'y avait, en matière civile, qu'un seul cas où les femmes ne pouvaient pas profiter de l'exception faite en leur faveur, c'était le stellionat; sous ce rapport, le Code est encore conforme à l'ordonnance. C'est que le stellionat est, comme disait Bigot de Préameneu, une faute énorme auquel le sexe même ne peut servir d'excuse. Cependant les femmes ne sont pas toujours contraignables, même en cas de stellionat. Lorsqu'elles sont mariées, la loi suppose que ce délit n'a été commis que par suite de l'influence de leur mari, et elle ne les en rend pas responsables, à moins qu'elles n'administrent elles-mêmes leur fortune; alors elles sont libres de leurs actions, la présomption de la loi doit cesser devant la réalité. Pothier explique très bien, dans le passage suivant, la raison de ces dispositions qui, de l'édit de 1680, ont passé dans le Code : « L'ordonnance, dit-il (1), veut que le stellionat procède du

____

(1) Procéd. civ., ch. de la Contrainte par corps, § 2, nomb. 2°.

fait de la femme, c'est-à-dire, comme l'interprète l'é-
dit de 1680, pour celui qu'elles ont commis en contractant, lorsqu'elles étaient libres, et même depuis
qu'elles sont mariées, en contractant séparément de
leurs maris, d'avec qui elles seraient séparées ; mais à
l'égard des contrats que les femmes communes font
avec leurs maris, quelque stellionat qu'il y ait dans
ces contrats, l'édit ne veut pas que la femme soit réputée stellionataire ni sujette à la contrainte par corps ;
la raison est qu'on présume, en ce cas, que le stellionat vient de la part du mari ; la puissance du mari,
sous laquelle est la femme, l'excuse en quelque façon,
suivant cette règle de droit : Non videtur consentire
qui obsequitur imperio patris vel domini. » On peut en
dire autant de la femme mariée sous le régime dotal,
car le mari a l'administration des biens dotaux ; ce
qu'il faut considérer, ce n'est pas si la femme est do-
tale ou commune, mais si elle a l'administration de ses
biens pour le tout ou pour une partie, et si c'est à
l'occasion de ces biens qu'elle s'est rendue stellionataire. Dans ce dernier cas elle est contraignable par
corps.

83. — Les personnes dont nous venons de parler
jusqu'ici sont exemptées de la contrainte, quels que
soient leurs rapports avec leurs créanciers. Nous allons voir maintenant quelques cas où la contrainte ne
peut pas être prononcée contre certains débiteurs, à
raison des rapports de parenté qui existent entre eux
et les créanciers. Ainsi, elle ne peut jamais être prononcée contre le débiteur au profit : 1° de son mari
ni de sa femme; 2° de ses ascendants, descendants,
frères ou sœurs, ou alliés au même degré (article 19,

loi du 17 avril 1832); 3° de l'oncle ou de la tante, du grand-oncle ou de la grand'tante, du neveu ou de la nièce, du petit-neveu ou de la petite-nièce, ni des alliés au même degré (article 10, loi du 13 décembre 1848). Entre parents unis aussi étroitement par les liens du sang, on ne doit pas recourir à un moyen aussi rigoureux que l'emprisonnement. Ne serait-ce pas un scandale de voir un fils exercer la contrainte contre son père, un frère contre son frère? L'ancienne jurisprudence ne la prononçait pas en pareil cas, et, exagérant le principe qu'elle avait admis à cet égard, elle allait jusqu'à refuser de la prononcer entre associés (1). La loi de germinal et le Code ne s'occupèrent pas de la parenté; on fut alors dans un grand embarras; les incertitudes et les nombreuses variations de la jurisprudence en font foi. En ne rappelant pas l'ancien usage, le Code avait-il voulu l'abroger? ou bien les tribunaux conservaient-ils encore dans leurs attributions le droit de suivre les anciens errements? Les uns penchaient d'un côté, les autres d'un autre. Cé sont les lois nouvelles qui ont mis fin à ces incertitudes en tranchant la question une fois pour toutes. Cependant elles n'ont pas été tellement explicites qu'il ne reste encore quelque doute. Ainsi, on peut se demander si les articles précités des lois de 1832 et de 1848 s'appliquent seulement à la parenté légitime, ou s'il faut les étendre à la parenté adoptive et à la parenté naturelle. La solution de cette question nous paraît être dans l'article 371 du Code Napoléon:

---

(1) Nous examinerons plus loin la question relative aux associés, en parlant de la Contrainte en matière commerciale.

« L'enfant, à tout âge, doit honneur et respect à ses père et mère. » Cette obligation existe aussi bien pour les enfants naturels et adoptifs que pour les légitimes; les lois de 1832 et de 1848 n'ont fait autre chose qu'appliquer le principe de cet article 371, et loin de le restreindre, elles l'ont beaucoup étendu; il ne faut donc pas, quand on les interprète, supposer des restrictions qui n'étaient pas dans leur esprit. Nous devons donc décider que les parents naturels et adoptifs peuvent invoquer le bénéfice de l'article 19 de la loi de 1832, et de l'article 10 de celle de 1848.

La Cour de Nîmes a rendu une sage décision, e 18 novembre 1841, en interprétant d'une manière large les dispositions sus énoncées; elle a jugé que la contrainte par corps ne peut être prononcée au profit de l'enfant d'un premier lit contre la femme en secondes noces de son père, bien que le père fut décédé. L'affinité avait cessé; en prenant les termes de la loi à la lettre, on pouvait soutenir qu'il y avait lieu à contrainte; mais la Cour de Nîmes est entrée dans l'esprit de la loi en rejetant ce raisonnement.

Si un des parents dénommés par la loi dans les articles 19 et 10 précités, se rend cessionnaire d'une créance contre un de ses parents, il ne pourra faire prononcer la contrainte par corps à son profit : la loi ne distingue pas si la créance a pris naissance directement entre lui et le débiteur; ce qu'elle ne veut pas, c'est qu'un parent d'un certain degré fasse en son nom emprisonner son parent. Si, au contraire, un parent vend sa créance contre son parent, le cessionnaire pourra-t-il user de la contrainte par corps contre le débiteur? Nous n'hésitons pas à répondre: Non, il ne le pourra pas, car *nemo in alium plus juris conferre potest quam ipse habet.* Si ce principe doit être appliqué, c'est surtout lorsqu'il favorise la liberté.

Les lois de 1832 et de 1848 ont encore adouci la contrainte par corps, en n'en permettant pas l'exercice, la première, contre deux époux simultanément pour la même dette (art. 21), et la seconde, en ne le permettant pas même pour dettes différentes (art. 11). Ces dispositions sont claires et n'ont besoin ni d'explication, ni de justification.

La loi de 1848, dans le second paragraphe de l'art. 11, a même été plus loin encore dans la voie de l'humanité : elle statue que si le débiteur, contre lequel la contrainte par corps est prononcée, a des enfants mineurs, les tribunaux pourront, dans l'intérêt des enfants et par le jugement de condamnation, surseoir, pendant une année au plus, à l'exécution de la contrainte. On a voulu « laisser au survivant du père ou de la mère débiteur, le temps de pourvoir les enfants d'un protecteur pendant la durée de la contrainte. »(1)

84. — Jusqu'à présent, nous avons constaté que dans les cas prévus, la contrainte par corps avait lieu ou pouvait être prononcée contre toute personne, sauf les exceptions dont nous nous sommes occupé. Maintenant, nous avons à nous demander et à examiner si, dans les cas prévus, la contrainte par corps a toujours lieu quel que soit le taux de la dette, ou bien s'il y a une limitation à cet égard. (2)

(1) Rapport de M. Durand.

(2) Cf., Assises de Jérusalem, suprà n° 36.

L'article 2065 du Code Napoléon, dit qu'elle ne peut être prononcée pour une somme *moindre* de trois cents francs. Cette limitation ne s'applique que lorsque la condamnation est pécuniaire, mais toutes les fois que le débiteur est condamné à l'accomplissement matériel d'un fait, et que la loi dit qu'il y sera contraint par corps, il n'est pas possible de recourir à l'art. 2065. L'article 126 du Code de procédure dit que pour les dommages-intérêts, la contrainte ne peut être ordonnée que s'ils sont *au-dessus* de trois cents francs. C'est là une bien légère différence avec l'art. 2065 ; elle vient probablement d'une inadvertance des rédacteurs des Codes. Toujours est-il que les deux articles ne sont pas exactement semblables, puisque l'un dit pour une somme *moindre* de trois cents francs, et l'autre, *au-dessus* de trois cents francs ; chacun doit être observé, pour les cas qu'il prévoit.

Sur l'art. 2065, on a élevé la question de savoir comment devait être composée la somme de trois cents francs. Nous nous expliquons : ainsi, lorsqu'une personne a envers le même créancier plusieurs dettes, dont aucune séparément ne s'élève à trois cents francs, mais qui réunies dépassent ce chiffre, la contrainte par corps peut-elle avoir lieu? La Cour d'Amiens a résolu affirmativement cette question dans un arrêt (1) que M. Troplong (2) a vivement combattu ; ce savant jurisconsulte a très démontré bien l'erreur où cette Cour d'appel était tombée. Chaque dette prise à part n'entraînant pas la contrainte par corps, ce serait un malheur pour

(1) Du 16 décembre 1836.

(2) Nos 283 et 286.

le débiteur de n'avoir qu'un seul créancier au lieu d'en avoir plusieurs; et, dans le cas où originairement chaque dette eût été contractée envers un créancier différent, il dépendrait donc des créanciers de rendre le débiteur contraignable par corps, en réunissant toutes les créances entre les mains d'un seul d'entre eux. C'est cependant le résultat auquel on est forcément amené, si l'on adopte l'opinion de la Cour d'Amiens. Nous préférons beaucoup la doctrine de la Cour de Caen, qui dit dans un arrêt du 16 août 1843, « que c'est un principe sacré, surtout en matière de contrainte par corps, que la position respective des parties qui contractent ensemble, est fixée au moment du contrat et par le contrat, et qu'elle ne peut être changée par l'une des parties sans le consentement de l'autre; que l'on ne conçoit pas comment le cessionnaire en achetant deux créances, aurait plus de droit que ses vendeurs, et pourrait par un fait entièrement étranger au débiteur, entièrement indépendant de sa volonté, changer la position que celui-ci s'est faite en contractant, et aggraver rigoureusement son sort. »

Pour que la contrainte puisse avoir lieu, il faut donc que la condamnation soit au moins de 300 francs pour une seule et même dette. Il n'est pas nécessaire que le capital soit égal au taux fixé par la loi; s'il est inférieur à ce taux, on peut pour le parfaire y joindre les accessoires de la condamnation, v. g., les intérêts. Quant aux dépens, ils ne devront jamais être comptés, pour compléter la somme de 300 francs, parceque dans la législation actuelle, ils n'emportent pas la contrainte par corps. Si on complète les 300 francs par l'addition des intérêts avec le capital, il faudra alors se conformer à l'art. 126 du Code de procédure, de sorte que si la réunion des deux sommes donnait pour total juste 300 francs, la contrainte ne pourrait être prononcée; il faudrait que la somme totale fût au-dessus de 300 fr. Cela va de soi, puisque les intérêts sont accordés au créancier, afin de compenser le dommage que lui cause le retard ou le refus du payement, et que les dommages-intérêts n'entraînent la contrainte que lorsqu'ils sont supérieurs à 300 francs, ils ne peuvent avoir plus de vertu joints à un capital que dans les cas où le débiteur ne doit rien autre chose.

Nous avons dit tout à l'heure qu'il ne faut pas réunir plusieurs dettes différentes pour atteindre la somme de 300 francs. Que déciderons-nous si primitivement la dette était supérieure à 300 francs et si ensuite elle s'est divisée de manière à former plusieurs petites dettes, dont chacune, prise à part, est inférieure à 300 fr. ? Cette division de la dette peut se présenter, quand le créancier meurt laissant plusieurs héritiers. Si le *de cujus* n'a pas fait emprisonner de son vivant son débiteur, les héritiers ne peuvent pas le faire arrêter, parce qu'ils ne trouvent pas dans la succession le droit d'exercer la contrainte par corps. La créance se divise de plein droit entre eux ; et la partie afférente à chacun, étant inférieure au taux de la loi, ne leur permet pas de poursuivre par corps le débiteur. Si par l'effet du partage, la totalité de la créance était attribuée à un seul des héritiers, il ne pourrait cependant faire prononcer la contrainte contre le débiteur, parcequ'il ne doit pas dépendre des héritiers d'enlever à ce débiteur, par la manière dont ils forment les lots, un bénéfice qu'il tient de la loi. Celui d'entre eux qui a toutes les créances, n'est, vis-à-vis du débiteur, héritier que de sa part, pour le surplus, il est cessionnaire de ses cohéritiers ; car ce n'est pas le cas ici d'invoquer en sa faveur l'art. 883 du Code Napoléon. Cet article a pour but de régler et de simplifier les rapports des cohéritiers entre eux ; il n'a pas été fait pour aggraver la position des débiteurs. La conséquence qui paraît résulter de tout ceci, est que, si le débiteur a été incarcéré du vivant du *de cujus*, il peut invoquer la règle, *nomina inter hæredes ercta cita sunto*, pour obtenir son élargissement. Il semble qu'il ne puisse plus être retenu en prison, puisque chacun de ses nouveaux créanciers ne pourrait obtenir contre lui une condamnation d'au moins 3oo francs. Mais ce sont là des apparences trompeuses. En effet, si le débiteur a été incarcéré, c'est qu'un jugement a ordonné son emprisonnement ; un jugement est un acte de l'autorité publique, dont l'existence et la validité ne dépend pas d'un fait extérieur, v. g., de la mort d'une personne. D'ailleurs, pour savoir si l'emprisonnement doit être maintenu, ce que l'on considère, c'est s'il a été valablement prononcé ; dans l'espèce il l'avait été très valablement. Ce qui prouve qu'il doit être maintenu, c'est ce qui se passe quand le débiteur incarcéré pour 3oo francs paye une partie de la dette, soit 5o francs. Peut-il dire, maintenant ma dette est inférieure à 3oo francs, je dois donc être élargi ? Certainement non, la contrainte a été prononcée pour 3oo francs, c'est ce que voulait la loi, si après la prononciation la dette diminue, la contrainte par corps peut toujours continuer tant que la totalité de la dette n'est pas soldée ; de même, dans l'espèce proposée, avant la mort du *de cujus*, la contrainte a pu être prononcée, puisqu'il était dû plus de 300 francs; elle doit continuer tant qu'il restera dû une partie, quelque minime qu'elle soit, de la dette, à moins que le débiteur n'use du bénéfice de l'art. 24 de la loi de 1832, ce qui est un cas tout particulier. Ainsi, quand la contrainte par corps a été régulièrement prononcée, le jugement de condamnation sortit son plein et entier effet, que la dette vienne à diminuer, soit par suite de payements partiels, soit par suite de la divisibilité des créances; mais lorsqu'elle n'a pas encore été prononcée, elle ne peut pas l'être. Cette décision peut paraître constituer une anomalie, cependant nous la croyons juridique.

85. — La contrainte par corps ne peut être exécutée que si elle a été prononcée par un jugement. L'article 2067 dit en effet : « La contrainte par corps, dans le cas même où elle est autorisée par la loi, ne peut être appliquée qu'en vertu d'un jugement. » L'ordonnance ne contenait aucune prescription de ce genre. Cependant Pothier dit : « Dans la plupart des cas auxquels nous avons dit qu'il pouvait y avoir lieu à la contrainte par corps, il faut qu'elle soit expressément prononcée par une sentence de condamnation, autrement il n'y a pas lieu. » Parmi les cas où une sentence n'était pas nécessaire, se trouvait celui où un fermier s'était conventionnellement soumis à la contrainte; il suffisait de représenter la grosse du bail où était la convention. Pothier parle aussi, comme pouvant être appliquées sans être prononcées par sentence, des contraintes décernées contre les fermiers des impôts. Ce sont nos contraintes administratives. Nous

verrons qu'elles sont régies par des principes tout particuliers.

Au principe de l'article 2067 il y a quelques exceptions ; ainsi l'article 519 du Code de procédure établit que l'acte de soumission de la caution judiciaire est exécutoire contre elle sans jugement, même par la contrainte par corps. Ainsi encore, les articles 28 du Code forestier et 22 de la loi sur la pêche fluviale disposent que tout procès-verbal d'adjudication emporte exécution parée et contrainte par corps contre les adjudicataires des coupes, contre les fermiers de la pêche et contre leurs associés et cautions. La représentation de ce procès-verbal suffit donc pour que la contrainte par corps puisse être appliquée.

86. — L'article 2067 exige un jugement : un acte équivalent ne saurait produire le même effet. Par exemple, la contrainte par corps ne pourrait être prononcée par une ordonnance de référé ou par une ordonnance rendue par un juge-commissaire, sauf les exceptions formellement écrites dans la loi. Nous trouvons une exception de ce genre dans l'article 264 du Code de procédure. Si, après la réassignation, un témoin ne comparaît pas, il doit être condamné à une amende de 100 fr. par une ordonnance qui prononcera la contrainte par corps (articles 263 et 264). Les articles 191, 201 et 221 du même Code nous présentent encore trois cas où la contrainte par corps peut résulter d'ordonnances et non de jugements. M. Troplong (1), pense que les ordonnances dont il est parlé dans ces articles ont seulement pour but de faire sa-

(1) N° 551.

voir à ceux contre qui elles sont rendues qu'ils seront contraints par corps ; mais qu'elles ne prononcent pas la contrainte, et que c'est le tribunal qui reste chargé de réaliser la menace. A ce système nous ferons une objection : nous demanderons comment le tribunal pourrait prononcer la contrainte, qui n'est qu'un accessoire, lorsque la condamnation au principal a déjà été prononcée par une ordonnance. N'est-il pas de principe que la contrainte par corps doit être ordonnée par la sentence même de condamnation, et qu'elle ne peut l'être par un acte séparé ? M. Troplong reconnaît ce principe quand il dit que s'il a été rendu jugement au principal, « il ne peut y avoir lieu à demande nouvelle, puisque la contrainte par corps n'est que l'accessoire d'un droit principal sur lequel il a été définitivement statué. » Décider, sur les articles 191, 201 et 221 du Code de procédure, que la contrainte ne peut être prononcée par le juge qui rend l'ordonnance de condamnation, mais seulement par le tribunal, c'est méconnaître, ce nous semble, un principe fondamental de la matière. Après tout, qu'y a-t-il d'étonnant à ce que la loi ait permis, dans les articles précités, de prononcer la contrainte par ordonnance quand elle le permet dans l'article 264, ainsi que le reconnaît M. Troplong (1). Il est possible que le texte des articles 191, 201 et 221 ne soit pas d'une clarté évidente; mais alors il faut les interpréter conformément aux principes et en les rapprochant d'un article dont le sens n'est pas douteux, de l'article 264; c'est pourquoi nous pensons que dans les trois cas susénoncés

_____

(1) N° 331.

la contrainte par corps doit être prononcée par les ordonnances de condamnation.

87. — Les juges de paix peuvent prononcer la contrainte par corps; l'article 2067 ne parle pas seulement des tribunaux de première instance, il est conçu en termes généraux : il exige un jugement émanant d'un tribunal institué par l'autorité publique, et le tribunal de paix remplit toutes ces conditions. Toutes les fois donc que les juges de paix sont compétents dans un cas où la contrainte par corps peut avoir lieu, ils n'outrepassent pas leur pouvoir en l'ordonnant. L'occasion s'en présente surtout pour eux, quand il y a refus de délaisser, après leur sentence rendue, au possessoire (art. 2060, 2°).

88. — Nous nous demandons, à présent, si les arbitres peuvent prononcer la contrainte par corps, et comme il s'agit ici de droit civil pur, il est bien entendu que nous parlons des arbitres volontaires et non des arbitres forcés, qui ont des attributions consulaires. La contrainte par corps est une voie rigoureuse, qui ne doit être prononcée qu'avec beaucoup de discernement. La loi a toujours voulu que l'autorité publique intervînt par les tribunaux qu'elle institue, lorsqu'il y a lieu de recourir à un pareil moyen. C'est une garantie établie dans l'intérêt des justiciables. Elle n'existerait plus si des arbitres pouvaient prononcer la contrainte : les arbitres ne tiennent leurs pouvoirs que du compromis; ils ne sont pas institués par l'autorité, mais par la convention des parties. La loi, qui, en cette matière plus qu'en tout autre, s'est donné la mission de protéger les citoyens contre leurs propres écarts, n'a pas la même confiance dans les ar-

bitres que dans les juges. On considère que la défense de stipuler la contrainte par corps est d'ordre public; convenir que des arbitres pourront ordonner l'arrestation d'un débiteur, c'est remettre à de simples particuliers le maintien des règles de l'ordre public, c'est compromettre sur la liberté. Nous savons bien que les adversaires de notre opinion disent que la juridiction arbitrale n'offre aucun danger, puisque les cas de contrainte par corps sont réglés par la loi et que certainement les arbitres ne l'ordonneront pas dans d'autres circonstances. Ceci pourrait être vrai, si la contrainte était toujours impérative; mais bien souvent elle est facultative, et c'est alors que la juridiction arbitrale peut avoir des dangers. Les arbitres n'auraient peut-être pas la même prudence, la même sagesse que les tribunaux; ils prononceraient peut-être la contrainte là où des juges se fussent abstenus. Aussi refusons-nous aux arbitres le droit de prononcer la contrainte par corps. Ce droit, ainsi que le remarque M. Pardessus (1), ne doit appartenir qu'à des juges qui tiennent leur pouvoir de la loi.

89. — Les tribunaux ne peuvent dans leurs jugements ordonner la contrainte par corps, même lorsqu'on est dans un des cas de contrainte impérative, si le créancier n'a pas pris de conclusions à cet égard; autrement il y aurait *ultra petita*. En absence de conclusions, la partie du contraignable par corps est censée renoncer au droit que la loi lui conférait : c'est à cause de cette renonciation tacite qu'après une seu-

(1) Droit commercial, n° 1101.

tence rendue au fond, on ne peut conclure à la contrainte par corps par action principale. Dans une cause sujette à appel, on ne peut pas, sur l'appel, demander la contrainte, si on n'y a pas conclu en première instance. Au moment où le jugement de première instance a été rendu, la renonciation tacite du créancier a été consommée; il n'est pas possible de revenir sur un fait de cette nature. Il est donc bien important de faire prononcer la contrainte par le jugement même de condamnation; et si le tribunal croit devoir accorder un sursis à l'exécution de l'emprisonnement, il faut que ce soit encore dans le même jugement. L'article 127 du Code de procédure, qui permet aux tribunaux d'accorder des sursis dans le cas où ils condamnent par corps pour dommages-intérêts ou pour reliquats de comptes, exige qu'il soit accordé par le jugement qui statue sur la contestation, que ce jugement en fixe la durée et en énonce les motifs.

90. — En règle générale, l'appel est suspensif, à moins que le jugement ne soit exécutoire par provision. On a craint que les tribunaux ne fissent abus de l'exception, c'est pourquoi l'article 2068 déclare que les jugements exécutoires provisoirement ne pourront pas être exécutés, en ce qui touche la contrainte par corps, s'il y a un appel interjeté. Mais si, en ordonnant l'exécution provisoire, le tribunal prescrit qu'il sera donné caution, comme le débiteur est assuré de pouvoir obtenir de la caution la réparation de dommage causé par une arrestation imméritée, l'appel n'empêche pas le jugement d'être exécuté selon sa teneur. L'article 20 de la loi du 17 avril 1832 a établi que, dans les jugements en dernier ressort, la disposition relative

à la contrainte par corps serait toujours sujette à l'appel. L'article ajoute que cet appel n'est pas suspensif. Sans cette addition, jamais le jugement n'aurait pu servir au créancier; le débiteur aurait toujours appelé pour gagner du temps.

91. — Le titre du Code Napoléon qui traite de la contrainte par corps en matière civile, se termine en disant qu'il n'est point dérogé aux lois particulières qui autorisent la contrainte en matière de commerce, ni aux lois de police correctionnelle, ni à celles qui concernent l'administration des deniers publics. Ce sont de ces lois que nous allons désormais nous occuper, en commençant par celles qui sont relatives aux matières commerciales.

CHAPITRE V.

De la Contrainte par corps en matière commerciale.

SOMMAIRE.

93. — Antiquité de la contrainte par corps en matière de commerce.

94. La contrainte a lieu pour toute dette commerciale. — Du billet à domicile et de la lettre de change.

95. — Toute condamnation prononcée par un tribunal de commerce n'est pas commerciale.

96. — Des personnes soumises à la contrainte par corps. — 1° Des mineurs.

97. — 2° Des septuagénaires.

98. — 3° Des femmes.

99. — 4° Des veuves et héritiers des commerçants.

100. — 5° Des marins à bord.

101. — Des commis des négociants.

102. — De la vente et de l'achat des effets publics.

103. Des exceptions relatives.

104. — Des associés entre eux.

105. — Les commanditaires et les souscripteurs d'actions d'une société anonyme sont-ils contraignables par corps?

106. — Des administrateurs des sociétés anonymes.

107. — Des sociétés en participation.

108. — Taux au-delà duquel la contrainte ne peut être prononcée en matière commerciale.

109. — La contrainte par corps doit être prononcée par un jugement; elle peut l'être par les arbitres forcés.

———————

93. — La contrainte par corps en matière commerciale n'est pas une institution moderne; en parlant du droit de l'antiquité, nous avons remarqué, dans le discours de Démosthènes contre Apaturius, qu'elle existait en Grèce contre les marchands et les armateurs de navires. Dans le droit moderne, la contrainte par corps a toujours été appliquée en matière de commerce sans interruption, si ce n'est pendant la Révolution. Nous ne reviendrons pas ici sur ce que nous avons dit plus haut de la légitimité, de l'utilité et de la nécessité de la contrainte par corps.

94. — Dans notre législation actuelle, le principe en matière de commerce est que toute personne condamnée pour dette commerciale est soumise à la contrainte par corps, et que le jugement de condamnation doit la prononcer contre elle. Ce principe est écrit dans l'article 1er de la loi du 17 avril 1832. Avant cette loi c'était le titre II de la loi du 15 germinal an VI qui régissait notre matière. Le Code de commerce n'ayant pas réglementé la contrainte commerciale, comme le Code Napoléon avait réglementé la contrainte civile, il fallut donc jusqu'à 1832 recourir à la loi de l'an VI, dont les dispositions donnaient lieu,

dans plusieurs cas, à de sérieuses difficultés d'interprétation. Cette loi faisait une énumération des personnes soumises à la contrainte par corps pour faits de commerce, ce qui était une manière vicieuse de procéder; car le législateur ne peut pas prévoir toutes les conjonctures réalisables, et alors quand une de celles qui n'ont pas été prévues vient à se présenter, que doivent faire les Tribunaux?

La loi de germinal disait (1) que la contrainte par corps avait lieu de marchand à marchand pour fait de marchandises, dont ils se mêlent respectivement. C'était, il est vrai, les termes mêmes de l'ordonnance de 1667; mais il ne fallait pas les lui emprunter, puisqu'ils n'étaient pas suffisamment clairs. Aussi qu'est-il arrivé? La Cour de cassation a jugé, par arrêt du 26 janvier 1806, que la contrainte, ordonnée de marchand à marchand pour fait de marchandises dont ils se mêlent respectivement, n'avait pas lieu d'un marchand à un autre marchand, qui tous deux n'exercent pas le même genre de commerce. Le législateur de 1832 a compris qu'il fallait employer des termes plus généraux que ceux de la loi de germinal, et qu'il valait mieux poser un principe, dont les Tribunaux tireraient les conséquences, que procéder par une énumération toujours incomplète. Aujourd'hui donc le principe de la loi est que la contrainte par corps doit être prononcée contre toute personne condamnée pour dette commerciale.

Mais que faut-il entendre par dette commerciale?

(1) Titre II, art. 1er, 2°.

M. Parant, rapporteur à la Chambre des Députés de la loi de 1832, a expliqué que, pour avoir le sens de ces mots, il fallait recourir à la définition que le Code de commerce donne des actes commerciaux. Ainsi, toutes les fois que la dette, au payement de laquelle une personne est condamnée, résulte d'un acte de commerce, on doit dire que cette dette est commerciale. Si l'article du Code de commerce, qui définit les actes commerciaux, venait à être modifié, il n'y aurait aucune modification à faire subir à la loi de 1832 pour la mettre en rapport avec le nouvel article; elle est rédigée de manière à s'y trouver toujours. Aujourd'hui donc, pour savoir si la contrainte par corps est applicable, il faut recourir aux articles 632 et suivants du Code de commerce. L'examen de ces articles nous entraînerait hors de notre sujet, nous ne l'entreprendrons pas. Nous mentionnerons seulement une question, qui a été résolue par deux arrêts tout récents de la Cour de cassation : il s'agissait de savoir si les billets à domicile devaient être assimilés à des remises d'argent de place en place; si, souscrits par un non commerçant, ils constituaient des actes de commerce, ainsi que cela a lieu pour les lettres de change. La Cour de cassation, par arrêts du 9 juillet 1851 et du 10 mars 1852(1), a décidé qu'un simple billet à domicile, souscrit par un non commerçant et pour une cause qui n'a rien de commercial, ne rend point le souscripteur justiciable du tribunal de commerce, et ne peut, par suite, entraîner contre lui la contrainte par corps. La Cour l'a assimilé à un billet à ordre,

____

(1) *Gazette des Tribunaux* du 10 juillet 1851 et 11 mars 1852.

qui, lorsqu'il est souscrit par un non négociant, n'entraîne pas la contrainte par corps (art. 632 et 637 C. com.). Il n'en est pas de même de la lettre de change; qu'elle soit signée par un commerçant ou par un non commerçant, elle constitue toujours un acte de commerce. Ainsi il suffit d'apposer sa signature sur une lettre de change pour être contraignable par corps. C'est là une vieille habitude du commerce, qui pour la première fois a passé dans la loi lors de la rédaction de l'ordonnance de 1673; l'article 1er de son titre VII dit : « Ceux qui auront signé des lettres ou billets de change pourront être contraints par corps. » Ceci ne s'appliquait pas seulement aux marchands, car le même article ajoute : « en outre, tous négociants ou marchands, etc. » En 1832 on avait proposé de restreindre la contrainte par corps, au cas où la lettre de change a pour cause des opérations de commerce. On disait que la facilité de se soumettre à la contrainte, en signant une lettre de change, permettait de violer impunément l'article 2063 du Code Napoléon, et que le plus souvent les non commerçants qui signaient des lettres de change ne le faisaient que pour éluder la disposition de cet article. C'étaient là des objections qui ne devaient pas triompher, parce que la lettre de change est une monnaie nécessaire au commerce et dont il importe de ne pas entraver la circulation. Elle est acceptée partout, parce que l'on sait qu'au jour fixé on peut en réaliser le montant par le moyen le plus énergique de tous. Le jour où la contrainte par corps ne pourrait plus être exercée contre tous les signataires de la lettre de change, le commerce aurait perdu le ressort le plus actif de son crédit, la

lettre de change serait démonétisée (1). Ainsi la loi de
1832 n'a pas distingué entre les commerçants et les non
commerçants; celui qui est obligé à payer le montant
d'une lettre de change est tenu d'une dette commerciale, et, comme tel, contraignable par corps, en vertu
de l'article 1er de la loi du 17 avril 1832. L'article 3
de la même loi contient une disposition dont le but est
d'empêcher la fraude; il dit que si la lettre de change
est réputée simple promesse aux termes de l'article 112
du Code de commerce, c'est à dire si elle contient supposition, soit de noms, soit de qualité, soit de domicile,
soit de lieux, alors la contrainte par corps ne sera pas
prononcée. Les lettres de change, souscrites pour éluder la prohibition de se soumettre à la contrainte, ren-
ferment presque toujours quelqu'irrégularité, quelque
supposition qui permet aux tribunaux de faire usage
de l'article 3 de la loi de 1832 pour déclarer ces lettres simples promesses et refuser de prononcer l'emprisonnement du débiteur. Cet article offre des garanties suffisantes contre les usuriers; ainsi l'a pensé
le législateur de 1848, malgré les efforts des adversaires de la contrainte par corps, qui, désespérant d'en
obtenir l'abolition, avaient repris la thèse de 1832 pour
restreindre au moins les cas où la contrainte est applicable.

95. — Aujourd'hui toute condamnation à une dette
commerciale doit être accompagnée d'une prononciation de contrainte par corps. Mais il ne faudrait pas
croire qu'il dût en être ainsi pour toute condamnation

____

(1) Voy. ce que dit M. Bravard à l'Assemblée constituante le 13 décembre 1848. — *Manuel de droit commercial*, p. 804.

prononcée par un tribunal de commerce. Nous venons d'indiquer plusieurs cas : celui de lettre de change réputée simple promesse, celui de billet à ordre où le tribunal de commerce est compétent (1), et où cependant il ne peut pas toujours ordonner l'emprisonnement du débiteur. Nous indiquerons encore les cas où un tribunal de commerce adjuge à une partie des dommages-intérêts; ce n'est pas là une condamnation commerciale ; ces dommages-intérêts son¹ accordés pour réparer un préjudice, leur cause est donc civile. Si le tribunal de commerce, qui les adjuge, veut en assurer le recouvrement par la contrainte par corps, il le peut certainement ; mais alors il s'autorisera non pas de l'article 1ᵉʳ de la loi de 1832, puisque la dette n'est pas commerciale, mais de l'article 126 du Code de procédure. Dans ce cas, la contrainte par corps ne peut être prononcée que si la condamnation est au-dessus de 300 francs, tandis que nous verrons qu'en matière de commerce le taux de la loi est seulement 200 francs. Et ce qui est encore important, c'est que pour les dommages-intérêts la contrainte est facultative, tandis que pour les condamnations commerciales elle est impérative. Mais ici, comme en matière civile, quoique la contrainte soit impérative, elle ne pourrait être ordonnée d'office ; il faut qu'il soit pris des conclusions formelles tendant à la contrainte par corps.

96. — En matière civile, la contrainte par corps a lieu, dans les cas prévus, contre toute personne; en matière commerciale, elle a lieu aussi contre toute personne pour dette de commerce. Voilà le principe ; mais

_____

(1) Art. 637, C. com

il comporte quelques exceptions et donne lieu à quelques discussions.

1° Les mineurs sont exemptés de la contrainte par le droit civil; le sont-ils également par le droit commercial? C'est un vieil adage que les mineurs commerçants sont réputés majeurs pour le fait de leur commerce et, par conséquent, sujets à la contrainte par corps; mais pour cela, il faut qu'ils aient été dûment autorisés à faire le commerce, et que toutes les formalités prescrites par l'article 2 du Code de commerce aient été remplies. Car un mineur non commerçant, même s'il est émancipé, ne peut faire un acte de commerce. Ainsi, s'il signait une lettre de change, l'obligation serait nulle; il n'y a donc pas lieu de rechercher si elle pourrait entraîner la contrainte par corps.

Mais, voici une question controversée : Si un mineur commerçant hypothèque ses immeubles, comme l'article 6 du Code de commerce le lui permet, et qu'en hypothéquant il commette un stellionat, sera-t-il contraignable par corps? M. Coin-Delisle (1) fait remarquer que la constitution d'hypothèque est un contrat civil; que le stellionat n'est pas un délit commercial, et qu'alors la condamnation, n'étant pas commerciale, ne peut entraîner la contrainte contre un mineur qui, aux termes de la loi civile, en est exempt. Au contraire, M. Troplong (2) considère que le mineur hypothèque dans l'intérêt de son commerce, que le stellionat a pour cause une opération commerciale, et il pense que

(1) P. 37, n° 6.
(2) N° 278.

l'emprisonnement peut être prononcé. Nous ajouterons que le mineur, étant réputé majeur pour la constitution d'hypothèque, doit l'être également pour ses conséquences. C'est dans l'intérêt du mineur négociant que nous adoptons cette opinion ; la loi lui permet d'hypothéquer pour qu'il trouve du crédit. Si ceux qui se proposent de traiter avec lui savaient qu'il peut être stellionataire impunément, il ne pourrait jamais jouir du crédit que la loi a voulu lui procurer.

97. — 2° Aujourd'hui, les septuagénaires ne sont pas plus contraignables en matière commerciale qu'en matière civile. Dans l'ancien droit, on avait admis généralement une exception en leur faveur, quoique l'ordonnance eût pris soin de dire, dans son article 9, que la dérogation établie pour eux n'avait lieu que pour dettes purement civiles ; la jurisprudence s'était montrée plus indulgente que la loi. En l'an VI, on ne fit aucune exception pour les septuagénaires en matière commerciale ; le manquement à un engagement de commerce fut assimilé au stellionat, et l'on usa de rigueur. Jusqu'à la loi du 17 avril 1832, les septuagénaires furent donc soumis au droit commun ; mais l'article 4 de cette loi établit que désormais la contrainte par corps, en matière de commerce, ne pourrait être prononcée contre les débiteurs qui auraient commencé leur soixante-dixième année.

98. — 3° Nous venons de voir que les mineurs commerçants étaient contraignables par corps, il en est de même des femmes marchandes publiques. Le privilége que la loi civile accorde à leur sexe n'existe pas en matière commerciale ; sans quoi la femme marchande publique n'aurait pas de crédit et se trouverait vis-à-vis des

autres négociants dans un état d'infériorité très-préju-
diciale à ses affaires. Il y a très-longtemps que la contrainte s'exerce contre les femmes marchandes; nous
en trouvons des exemples à toutes les époques, et nous
ne pourrions assigner le moment où cette pratique a
pris naissance. L'ordonnance de 1667, dans l'article 8
de son titre 34, ne faisait que consacrer un usage déjà
ancien, lorsqu'elle disait que « les femmes marchandes publiques pouvaient s'obliger par corps. » Les
femmes mariées ne peuvent être marchandes publiques
sans l'autorisation de leur mari, article 4 du Code de
commerce. Donc, si une femme mariée faisait le commerce sans l'autorisation maritale, aucun de ses engagements ne serait valable et ne pourrait conséquem-
ment entraîner la contrainte par corps. Nous avons
fait la même remarque pour les mineurs. Dans l'ancien
droit, on donnait, sur ce point, une autre décision ;
car voici ce que nous trouvons dans le Commentaire
de Tournet, sur la *Coutume de Paris*, article 235 : « En
cas de traffic de marchandises que la femme fait à part,
et *separatim a viro, etiam absente, nec authoritatem
præstante*, elle peut en cette qualité estre contrainte
par corps pour le faict de marchandise sans le consentement du mary, aussi bien que le mineur faisant traffic de marchandise sans l'authorité de son tuteur, et
ny l'une ny l'autre ne peuvent estre restituez ; par arrest de la Cour, du 11 juillet 1585; pl. M.ʳˢ Deschamps
et Chauvelain. » Aujourd'hui, cette jurisprudence doit
être abandonnée.

L'autorisation maritale étant nécessaire pour que la
femme devienne marchande publique, on s'est demandé si les actes de la femme obligeaient le mari, et

spécialement, s'ils l'obligeaient par corps. Quand il y a communauté entre les époux, le mari est obligé sans contredit ; mais, nous ne croyons pas qu'il le soit par corps. Cependant l'ancienne jurisprudence décidait que le mari était contraignable pour les dettes de la femme. C'est ce que nous apprend encore le commentateur de la *Coutume de Paris* que nous venons de citer. Il dit, sur l'article 236 : « Et non-seulement elle (la femme marchande publique) se peut obliger sans son mary, mais aussy elle oblige son mary sans qu'il ait parlé en l'obligation, et ce, par corps, à cause que le mary est maistre de la communauté, laquelle auroit du gain que fait la femme marchande publique. De là est venu le proverbe le *Tablier de la femme oblige le mary*. Jugé par un ancien arrest de l'an 1536 et un autre du 1er mars 1580 ; pl. Mes d'Orléans et Machevele. » Comme il n'existe dans notre droit actuel aucune disposition formelle qui permette à la femme d'engager la liberté de son mari, nous pensons que, sur ce point encore, l'ancienne jurisprudence ne doit pas être suivie.

Une femme non marchande publique s'oblige-t-elle par corps en signant une lettre de change ? Nous savons que tout individu non commerçant fait un acte de commerce en apposant sa signature sur une lettre de change ; que la dette qui en résulte est commerciale et que, comme telle, elle emporte la contrainte par corps. En ce qui touche les femmes, la raison de douter, disait Pothier (1), est que c'est une espèce de commerce, et que la femme ou fille qui tire ou accepte une

______

(1) Procéd. civ., ch. de la Contrainte par corps, § 2, 2°.

lettre de change, se constitue à cet égard marchande. Cette raison de douter prévalut au parlement de Bordeaux, car nous trouvons dans Brillon (1) la mention suivante : « Par arrêt du parlement de Bordeaux, du 6 août 1703, il a été jugé qu'une femme non mariée, ni marchande publique, pouvait être contrainte par corps pour lettre de change par elle tirée de place en place ». Cet arrêt violait l'ordonnance qui ne permettait de prononcer la contrainte contre les femmes ou filles que si elles étaient marchandes publiques. Il y a tout lieu de supposer qu'il fut cassé, car Pothier (2) mentionne un arrêt du Conseil, en date du 2 septembre 1704, qui déchargea de la contrainte une fille majeure, qui y avait été condamnée pour lettre de change. Si on rapproche le passage de Pothier de la mention de Brillon, et si on compare les dates, on est amené à penser que c'est l'arrêt de Bordeaux qui fut réformé par le Conseil. Aujourd'hui il faut adopter la jurisprudence du Conseil. En effet, l'article 2 de la loi du 17 avril 1832 n'autorise l'exercice de la contrainte par corps que contre les femmes légalement réputées marchandes publiques, et il ne suffit pas d'une apposition de signature sur une lettre de change pour donner à une femme cette qualité. D'ailleurs, la lettre de change souscrite par une femme est réputée simple promesse, article 113, Code de commerce; par conséquent, elle ne saurait emporter la contrainte par corps.

99. — 4° L'article 2 de la loi de 1832 excepte encore de l'emprisonnement pour dettes commerciales les

(1) *Verbo* : Contrainte par corps.
(2) Loc. cit.

veuves et héritiers des justiciables des tribunaux de commerce assignés devant ces tribunaux en reprise d'instance ou par action nouvelle, en raison de leur qualité. La contrainte par corps est un moyen exceptionnel et rigoureux que la loi n'autorise que contre certaines personnes déterminées et dont l'emploi doit cesser dans les cas où il atteindrait d'autres personnes.

100. — 3° Parmi les personnes qui ne sont pas soumises à la contrainte par corps, nous devons mentionner les marins qui sont à bord ou qui se rendent à bord pour faire voile : ils ne peuvent être arrêtés, dit l'article 231 du Code de commerce, pour dettes civiles. Le mot *civiles* est pris ici *lato sensu*, il s'étend aux dettes commerciales, il veut dire que si la poursuite est criminelle elle devra continuer. Mais si les dettes civiles ont été contractées pour le voyage, l'arrestation et l'emprisonnement peuvent avoir lieu.

101. — Les commis des négociants sont-ils contraignables par corps? La question peut sembler oiseuse, car les commis des négociants ne sont pas négociants eux-mêmes. Cependant elle a été résolue affirmativement par la Cour de cassation, le 3 janvier 1828. La loi de germinal, qui alors était en vigueur, disait que la contrainte devait avoir lieu contre les facteurs ou commissionnaires; c'était sur cette loi que se fondait la Cour de cassation. Il nous semble cependant que la loi de germinal ne parlait pas du commis ou facteur, qui fait les affaires d'un patron au nom duquel il contracte. L'apposition du mot *commissionnaire* indiquait que la loi avait eu en vue les personnes qui servent d'intermédiaires aux commerçants et qui font des affaires pour leur compte. Mais telle n'est pas la situation des

commis ou facteurs salariés. Le contrat par lequel le commis loue ses services à un commerçant n'est point, en ce qui concerne le commis, un acte commercial ; c'est bien le tribunal de commerce qui est compétent pour connaître de son exécution, aux termes de l'article 634, Code de commerce. Mais la compétence lui est attribuée à raison de la qualité de patron et non à raison de celle du commis. Si le commis exécute mal son obligation et s'il est condamné à des dommages-intérêts, sa dette n'a rien de commercial ; il ne peut donc pas être contraint par corps, si la condamnation est inférieure à 300 francs, car l'article 1er de la loi de 1832 n'est pas applicable. Si la condamnation est supérieure à 300 francs, la contrainte par corps peut être prononcée, mais alors elle l'est en vertu de l'article 126 du Code de procédure, ce qui est tout différent (1).

102. — Ces jours derniers, une question assez importante s'est élevée, c'est celle de savoir si une personne non commerçante qui fait des marchés à terme, avec la faculté de se dédire, dont 10, peut être, si elle ne paye pas les différences, poursuivie par corps par son agent de change. La Cour d'appel de Paris, devant qui la question s'est présentée le 22 novembre 1852 (2), a prononcé la contrainte contre le débiteur, qui, cependant, avait soldé à l'échéance tous les marchés dont 10, sauf un seul pour lequel il avait fait un report à quinze jours. Il résulte de cet arrêt que l'achat et la vente d'effets publics plusieurs fois répétés con-

(1) Arrêt de Montpellier, 21 janvier 1851.

(2) *Gazette des Tribunaux* du 23.

stituent des actes de commerce, et que celui qui
se trouve débiteur en vertu d'une opération de ce
genre, soit comme vendeur, soit comme acheteur, est
contraignable par corps, à raison du caractère commercial de la dette. La Cour a dit dans son arrêt qu'elle
ne devait pas « laisser les agents de change sans défense
contre des clients qui refusent de tenir à leur égard
des obligations qu'ils ont été fondés à croire sérieuses (1). »

103. — Nous avons parlé plus haut de quelques exceptions relatives établies par les lois de 1832 et de
1848, qui ne permettent pas aux parents de certains
degrés d'exercer la contrainte contre leurs parents.
Ces exceptions s'appliquent aussi bien en matière commerciale qu'en matière civile ; il suffit donc que nous
nous en soyons occupé une fois pour n'avoir plus à y
revenir. Maintenant, nous ferons seulement une obser-
vation ; s'il s'agit d'effets négociables, le porteur pourra
faire emprisonner le débiteur, quoique parmi les différents endosseurs se trouve, *putà*, le frère du débiteur.
Ce dernier ne sera pas recevable à s'opposer à la contrainte par corps en disant qu'à partir du moment où
l'effet représenté a été passé à l'ordre de son frère, il
s'est trouvé déchargé de la contrainte parce que son
frère, n'ayant pas le droit de le faire emprisonner, n'a
pas pu transférer ce droit aux porteurs postérieurs. Ce
raisonnement serait vicieux, parce que le débiteur d'effets transmissibles par la voie de l'endossement consent
d'avance à ne considérer que le prêteur ; autrement ces
effets ne seraient plus admis dans le commerce avec

____

(1) Dans l'espèce, l'agent de change n'avait pas exigé de couverture.

la même facilité, tout le monde ne pouvant pas connaître tous les parents du tireur et du tiré. Le débiteur, ne se trouvant en rapport qu'avec le prêteur, ne peut pas lui opposer des exceptions qui ne lui seraient pas personnelles. C'est ce qui a été jugé par un arrêt de la Cour d'appel de Paris, en date du 3 mars 1842.

104. — Dans l'ancienne jurisprudence on allait plus loin que nos lois nouvelles, car on ne prononçait pas la contrainte par corps au profit d'un associé contre son associé. La loi de germinal ne contenait aucune disposition à cet égard. Son silence avait divisé la jurisprudence; certaines Cours pensaient qu'il fallait appliquer le droit commun et prononcer la contrainte par corps; d'autres voulaient maintenir l'ancien état de choses. Ainsi, la Cour d'appel de Paris avait refusé le 2 février 1814 de prononcer l'emprisonnement contre un associé au profit de son coassocié, *quum societas jus quodam modo fraternitatis in se habeat. L. 63, ff. pro socio, et cum inter socios res non sint amare tractandæ.* Mais, le 18 août 1825, elle était revenue sur cette jurisprudence. Aujourd'hui la solution de la question ne saurait être douteuse, car nous lisons dans le rapport fait en 1832 à la Chambre des Députés par M. Parant : « Il n'a été dans la pensée de personne d'affranchir un associé de la contrainte par corps ; il reste à l'égard de son associé dans le droit commun ; il ne lui était dû, en effet, aucune immunité. »

105. — En matière de sociétés commerciales, il se présente une question fort importante, c'est celle de savoir si les créanciers d'une société en commandite ou d'une société anonyme peuvent faire prononcer la contrainte par corps contre les commanditaires ou les

souscripteurs d'actions qui n'auraient pas complété les versements par eux promis. Prenons d'abord les commanditaires. Pendant longues années la doctrine et la jurisprudence avaient unanimement décidé que le commanditaire n'était pas contraignable par corps; mais, le 28 février 1844, un arrêt de la Cour de cassation a tenté d'imprimer une direction nouvelle à la jurisprudence, en déclarant qu'on devait condamner par corps les commanditaires pour le versement de leurs mises. Cet arrêt fut vivement critiqué, et les Cours d'appel résistèrent, notamment celle de Paris, dans un arrêt du 22 décembre 1846. Mais la résistance ne fut pas de longue durée de la part de cette Cour; car, en 1847, elle rendit trois arrêts, les 20, 27 février et 31 décembre, par lesquels elle appliqua la contrainte à des commanditaires. Le 20 novembre 1852, elle vient encore de rendre un arrêt dans le même sens (1).

Cette jurisprudence se fonde sur ce que « c'est à la qualité de la dette et non à la qualité du débiteur que l'article 1er de la loi du 17 avril 1832 attache la sanction de la contrainte par corps; sur ce que c'est une opération évidemment commerciale, que celle qui consiste à verser à titre de commandite des fonds dans une maison de commerce en vue de prendre part au bénéfice résultant du mouvement des fonds réunis et confondus avec d'autres (2). » Ces motifs, indiqués seulement par la Cour de cassation, ont été longuement développés par la Cour d'appel de Paris; pour ne pas les affaiblir, nous reproduisons les termes d'un de ses arrêts relatifs à cette question (3) :

(1) Voy. *Gazette des Tribunaux* du 29.
(2) Arrêt du 28 février 1844.
(3) Arrêt du 20 février 1847.

« Considérant que celui qui prend l'engagement de verser des fonds, soit à titre de commandite, soit comme porteur d'actions, dans une société de commerce, contracte une obligation commerciale envers les associés gérants et les co-associés.....;

« Qu'en échange de cette obligation, le commanditaire ou le porteur d'actions acquiert le droit de prendre, en proportion de son intérêt, part aux bénéfices que procurent à la société les opérations commerciales auxquelles elle se livre;

« Considérant, à l'égard des tiers, que le commanditaire, en s'engageant à verser la commandite, autorise les associés gérants à l'obliger envers les tiers jusqu'à concurrence de cette même commandite; que cette dette, qui prend sa source dans des opérations commerciales passées avec le gérant d'une société de commerce, est une dette commerciale qui donne aux tiers, après la faillite de la société, une action directe contre les commanditaires;

« Qu'aux termes de l'article 1er de la loi du 17 avril 1832, toute dette commerciale entraîne la contrainte par corps;

« Considérant que, loin d'éloigner par là les capitaux civils des opérations commerciales, la loi a pour but, au contraire, de les attirer; qu'en donnant au commerce sérieux plus de garanties, elle appelle dans les entreprises industrielles les propriétaires possesseurs de capitaux réels, qui ne contractent d'engagements que pour les remplir, et qu'elle écarte seulement ceux qui entreraient dans les société en commandite sans capitaux et sans avoir l'intention d'en verser, dans la seule intention de prélever les primes sans courir la chance d'aucune perte, et contre lesquels les tiers n'auraient aucun recours utile, s'ils ne pouvaient exercer la contrainte par corps, etc. »

Cette argumentation ne nous paraît rien moins que concluante; il y a de fortes raisons qui nous empêchent de l'adopter. La société est une personne morale qui peut faire des actes de commerce, mais il ne faut pas la confondre avec les associés. Les associés commanditaires sont de simples bailleurs de fonds, aux termes de l'article 23 du Code de commerce. Ils prêtent de l'argent à la société. Est-ce là faire acte de commerce? Non, certes. En effet, comme dit M. le procureur-général Delangle (1) : « Lorsqu'un négociant emprunte des fonds pour son commerce, le prêteur, s'il n'est pas négociant, ne fait pas acte de commerce. Il est bien constant que la destination et l'emploi des sommes prêtées ne changent pas, quant à lui, la nature de la convention. La position de l'associé commanditaire n'est pas différente; il promet de l'argent pour faire le commerce, mais, personnellement, il ne le fait pas, et la loi qui le qualifie de *simple bailleur de fonds* indique assez le caractère de l'obligation qu'il contracte. » La société en commandite est composée d'associés en nom, qui sont commerçants, et de bailleurs de fonds, qui ne le sont pas. La commandite a justement été créée pour leur permettre de placer leurs fonds dans le commerce sans y faire apparaître et sans y engager leurs personnes. Quand ils promettent une mise, ils se constituent débiteurs d'une personne morale commerçante qui est la société. Est-ce

____

(1) *Traité des sociétés commerciales*, n° 314.

qu'un commerçant ne peut pas avoir des débiteurs qui ne sont engagés que civilement envers lui? Est-ce que sa qualité imprime un caractère commercial à toutes les créances qui sont entre ses mains? On insiste, dans les arrêts, sur cette idée que le commanditaire doit prendre part aux bénéfices; mais qu'importe aux créanciers de la société, car c'est à leur point de vue qu'il faut se placer, puisque c'est eux qui veulent contraindre par corps les commanditaires. Ce qui leur importe, c'est que le bailleur de fonds verse les capitaux promis; pour l'y forcer par l'emprisonnement, il faudrait que sa dette fût commerciale, et elle ne l'est pas, car il n'y a aucune disposition législative qui dise que la commandite constitue un acte de commerce; bien loin de là, nous venons de voir qu'elle constitue un engagement purement civil. C'est ce que dit un arrêt de la Cour de Paris, en date du 26 décembre 1846 :

« Considérant que celui qui s'engage à verser des fonds dans une société, en qualité de commanditaire, ne fait pas un acte de commerce;

« Que la nature de son engagement est, au contraire, de le rendre étranger aux actes de commerce qu'entraînent la constitution et la gestion de la société;

« Que, dès-lors, son engagement, d'une nature purement civile, ne peut entraîner la contrainte par corps. »

Cet arrêt nous paraît bien mieux rendu que les précédents. En effet, le but du législateur, en instituant la commandite, a été de permettre à beaucoup de personnes qui ne veulent pas entrer dans les opérations commerciales d'y engager leurs capitaux (1). Avec la

(1) Voyez à cet égard un arrêt fortement motivé de la Cour de Dijon du

nouvelle jurisprudence, ce but ne sera pas atteint, puisqu'on traite les commanditaires comme ceux qui font des actes de commerce. Pourquoi donc s'est-on écarté de l'ancienne doctrine? Le dernier considérant de l'arrêt du 20 février 1847 nous l'apprend. On a voulu réprimer l'agiotage, effrayer les spéculateurs en leur faisant comprendre que leur insolvabilité ne les garantirait pas de toute espèce de poursuites. Certes, il serait bon, si cela était possible, de mettre un frein à l'agio ; mais, dans tous les cas, ce serait là une œuvre dans les attributions du législateur et non dans celles du juge.

La jurisprudence n'aurait pas atteint son but si elle n'eût appliqué la contrainte par corps qu'aux commanditaires, car le jeu de Bourse s'exerce surtout sur les actions des sociétés anonymes. Lorsque parut l'arrêt de 1844, on le critiqua en faisant remarquer que son extrême conséquence serait de faire prononcer la contrainte par corps contre les actionnaires des socié- anonymes; et cette conséquence paraissait tellement monstrueuse que l'on espérait qu'elle ferait rejeter la nouvelle jurisprudence relativement aux comman- ditaires. On disait dans les moyens à l'appui du pourvoi : « Ne serait-il pas absurde que les action- naires des sociétés anonymes fussent contraignables par corps, tandis que les administrateurs ne le sont pas ? » On n'avait pas prévu que non seulement le sys- tème ne serait pas rejeté pour la commandite, mais que la conséquence serait admise comme une chose

20 mars 1851. La Cour insiste sur l'idée qu'il ne faut pas enlever à la com- mandite son caractère.

toute simple, par deux arrêts de la cour de Paris, l'un du 27 février et l'autre du 20 novembre 1847. Le premier de ces arrêts s'exprime ainsi :

« Considérant que l'engagement pris par les actionnaires de verser une somme déterminée, destinée à des actes de commerce faits par eux, ou, ce qui est la même chose, par leurs mandataires, est une dette commerciale qui doit les soumettre à la contrainte par corps...;

« Que jusqu'au versement opéré, les actionnaires sont tenus personnellement des sommes qu'ils ont promises, et que le recouvrement en doit être opéré contre eux par la contrainte par corps comme celui de toute autre dette commerciale... »

Comment! c'est parce que le montant des actions est destiné à faire des actes de commerce pour les actionnaires qu'ils sont contraignables par corps? Est-ce que les actionnaires font des actes de commerce par eux-mêmes ou par leurs mandataires? Mais en aucune façon : c'est la société qui fait le commerce; la société est une personne qui a des créanciers et des débiteurs; ses débiteurs ce sont les actionnaires. En les déclarant contraignables par corps, on décide que c'est l'usage que l'emprunteur fait de l'argent prêté, qui confère au contrat un caractère soit purement civil, soit commercial.

Dans les deux questions que nous venons d'examiner, la cour de Paris nous paraît avoir confondu la société avec les associés, car elle insiste toujours sur cette idée que les fonds des actionnaires et des commanditaires, sont destinés à faire des actes de commerce. Mais comme ces actes ne se font, ni au nom des actionnaires, ni en celui des commanditaires,

mais en celui de la société, ils ne sauraient être contraignables par corps.

Il est encore un autre argument sur lequel s'appuie
la nouvelle jurisprudence; elle dit : ce qui prouve que
la commandite ou la souscription d'actions constitue
un acte de commerce, c'est que les contestations, qui
s'y rapportent sont jugées par une jurisdiction commerciale, celle des arbitres forcés. Quoi! toutes les fois
que les tribunaux de commerce sont compétents, la
dette sur laquelle ils prononcent est commerciale? Ne
voyons-nous pas le contraire tous les jours? Mais,
lorsque des lettres de change sont réputées simples
promesses, aux termes de l'article 112, ou lorsque des
billets à ordre portent ensemble des signatures de
commerçants et de non commerçants, c'est la jurisdiction commerciale qui est compétente; elle peut condamner les non commerçants; mais comme, à leur
respect, la dette n'est pas commerciale, on ne les con-
damne pas par corps. Telle est, à cet égard, la pratique constante de la jurisprudence consulaire. On
voit donc qu'une dette n'est pas nécessairement commerciale parce que les tribunaux de commerce en
connaissent. L'argument tiré de la compétence des arbitres forcés ne nous paraît donc pas plus concluant
que les précédents, et nous persistons à penser que les
commanditaires et les souscripteurs d'actions dans les
sociétés anonymes ne sont pas contraignables par
corps.

106. — Quant aux administrateurs des sociétés
anonymes, il est constant, en fait, qu'ils ne sont pas
soumis à la contrainte par corps pour les dettes de la
société, et cela doit être en droit, car lorsqu'ils con-

tractent pour les affaires de la société, leur signature ne les engage pas, mais engage l'être moral, la société, dont ils sont les représentants. Les commis des négociants ne sont pas responsables des engagements qu'ils prennent au nom de leur patron (1); les administrateurs d'une société anonyme ne sont autres que ses commis. Dans l'ancienne jurisprudence, on décidait déjà que les membres d'une corporation, qui contractaient pour elle, n'étaient pas contraignables par corps, si la corporation ne tenait pas ses engagements. Nous trouvons sur ce point la mention suivante dans Brillon (2) :

« Les billets d'une communauté n'assujétissent point à la contrainte par corps ceux qui les ont signés au au nom de la communauté. — Ainsi jugé au Grand Conseil, le 4 juin 1715, en faveur des jaugeurs de vin de Paris; plaidant Mᵉ Le Paige, pour eux, et Mᵉ Cochin, pour le porteur du billet. » Cette jurisprudence doit encore être suivie, et elle l'est, en effet, car nous ne voyons pas que les arrêts de condamnation rendus contre les grandes compagnies industrielles prononcent l'emprisonnement contre les administrateurs.

107. — Outre les sociétés en noms collectifs, en commandite et anonymes, il existe encore des sociétés en participation. Les participants sont-ils soumis à la contrainte par corps? La société en participation diffère des autres sociétés en ce qu'elle ne constitue pas un être moral, en ce qu'elle ne crée pas un patrimoine commun : elle n'est représentée vis-à-vis des tiers que

(1) *Supra*, n° 101.

(2) V° Contrainte par corps.

par l'un des associés, qui traite avec eux en son nom privé, et qui devient leur débiteur direct. Les tiers ne sont donc créanciers que de ce seul associé; quant aux simples participants qui sont restés étrangers à toutes les opérations de la société, ils n'ont aucune espèce de rapports avec les créanciers de leur associé. Ils n'ont pas fait d'actes de commerce, puisque les engagements contractés par leur associé ne les lient pas vis-à-vis des tiers. On ne peut pas dire ici ce qu'on dit pour les commanditaires et les souscripteurs d'actions, que les tiers ont dû compter sur leur mise, car les sociétés en participation ne sont pas astreintes à une publication préalable. Si des tiers contractent avec un membre d'une société en participation, légalement ils ne connaissent que lui et n'ont eu foi que dans son crédit. La contrainte par corps a pour but de forcer à la stricte exécution des obligations commerciales, comment pourrait-on vouloir l'appliquer à des participants qui ne se sont pas obligés? Les participants peuvent être débiteurs de celui d'entre eux qui a géré, mais leur dette n'a pas alors un caractère commercial, car ceux qui sont restés étrangers à la gestion n'ont pas fait d'actes de commerce. Il nous semble donc que celui-là seul qui a fait des actes de commerce en contractant avec les tiers, peut être contraint par corps.

108. — En matière civile, la contrainte par corps ne peut être prononcée pour une dette moindre de 300 fr.; en matière commerciale, le taux fixé par la loi est celui de 200 fr. (article 1er, loi de 1832). Autrefois cette limitation n'existait pas, et le débiteur pouvait, en matière commerciale, être emprisonné pour la somme la plus modique. Quelques tribunaux refu-

saient de prononcer la contrainte pour des sommes
trop peu importantes; notamment les tribunaux de
commerce de Lyon et de Paris ne la prononçaient pas
au-dessous de 100 fr. C'était une jurisprudence utile,
mais contraire à la loi. En 1832, on a fixé une sage
limite; comme rarement la contrainte par corps était
exercée pour obtenir le payement de sommes au-dessous
de 200 fr., on a converti l'usage en loi.

Comment peut être composée cette somme de 200 fr.?
Ici, comme en matière civile, on ne peut réunir plusieurs dettes distinctes pour atteindre le taux de la loi ;
il faut que la condamnation soit prononcée pour une
seule et même dette. Mais, comme le fait remarquer
M. Duranton (1), si c'est par compte-courant ou pour
fournitures que le débiteur s'est obligé en plusieurs
fois, il ne faut voir là qu'une seule dette. Décider le
contraire, ce serait nuire aux intérêts du petit commerce, qui ne pourrait obtenir des fabricants des fournitures inférieures à 200 fr.

La loi exige une somme *principale* au-dessus de
200 fr. Ainsi, on ne doit faire entrer dans le calcul de
cette somme ni les intérêts, ni les dépens. Nous avons
décidé plus haut, en matière civile (2), que, pour compléter le taux de 300 fr. fixé par l'article 2065 du
Code Napoléon, on pouvait joindre au capital les intérêts par lui produits. Les termes de la loi de 1832
s'opposent à ce que nous décidions de même en matière commerciale.

Aujourd'hui, pour toute condamnation en princi-

(1) Tome 18, n° 188.
(2) Suprà, n° 81.

pal supérieure à 200 fr. et inférieure à 500 fr., même
en matière de lettres de change et de billets à ordre,
le jugement peut suspendre l'exercice de la contrainte
par corps, pendant trois mois au plus, à compter de
l'échéance de la dette (article 5, loi de 1848).

109. — La règle de l'article 2067, Code Napoléon,
qui établit que la contrainte par corps ne peut être appliquée qu'en vertu d'un jugement, s'étend aux matières commerciales. Nous avons examiné plus haut
quels étaient les tribunaux qui pouvaient prononcer la
contrainte par corps en matière civile, et nous avons
refusé ce pouvoir aux arbitres volontaires. La décision
de certaines affaires commerciales est remise par la loi
à des arbitres, que l'on nomme pour cette raison arbitres forcés. Ces arbitres ont-ils un pouvoir plus
étendu que les arbitres volontaires? Nous le pensons,
et c'est l'avis de M. Pardessus (1); il dit « que les arbitres forcés peuvent prononcer la contrainte par corps,
parce qu'ils sont substitués par la volonté de la loi, et
non par une simple convention, aux juges qui auraient
dû prononcer cette contrainte. » La Cour de cassation
a résolu la question dans le même sens par un arrêt
du 5 novembre 1811, où elle s'exprime ainsi : « Attendu que de pareils arbitres forment un tribunal et
sont *investis par la loi* d'une attribution générale en
cette matière ; — Qu'ils sont, par conséquent, compétents pour prononcer la contrainte par corps comme
pour statuer sur le fonds, etc. » C'est parce que les
arbitres forcés tiennent leur pouvoir de la loi que nous
donnons, en ce qui les concerne, une décision diffé-

____

(1) N° 416.

rente de celle que nous avons proposée pour les arbitres volontaires.

Dans les pays où les consuls de France connaissent
des contestations civiles et commerciales entre les
Français, ils peuvent prononcer la contrainte par corps
dans tous les cas où les juges civils et de commerce
peuvent la prononcer en France. En effet, ils sont de
véritables juges institués par les lois françaises.

Quant à ce qui concerne l'appel des jugements prononçant la contrainte par corps, les règles sont ici les
mêmes qu'en matière civile; il faut donc appliquer les
articles 2068 du Code Napoléon et 20 de la loi du
17 avril 1832.

CHAPITRE VI.

De la Contrainte par corps en matière administrative.

SOMMAIRE.

110. — La contrainte par corps a toujours eu lieu contre les détenteurs de deniers publics.

111. — Des personnes contraignables par corps en matière administrative.

112. — Il n'y a pas d'exception pour les femmes et les mineurs.

113. — Taux au-dessous duquel la contrainte par corps ne peut avoir lieu en matière administrative.

114. — Des contraintes administratives prononçant la contrainte par corps.

---

110. — De tous temps, la contrainte par corps a eu lieu contre les détenteurs de deniers publics. Démosthènes, dans son discours contre Timocrate, nous apprend qu'il en était ainsi à Athènes, comme nous avons déjà eu occasion de le remarquer (1). C'est qu'il

(1) Supra, n° 3.

n'est pas possible de pourvoir aux besoins des services publics, si la rentrée des deniers de l'État n'est pas assurée ; et, parmi les moyens employés contre les détenteurs des deniers publics, il n'en est pas de plus efficace que la contrainte par corps. Si Constantin (1) l'a supprimée contre les débiteurs du fisc, ce n'a été qu'une mesure momentanée, car nous trouvons au Code Théodosien (2) une constitution de Gratien et de Valentinien qui la rétablit.

Dans notre droit français, les débiteurs des deniers royaux ont toujours été contraignables par corps. Les ordonnances de saint Louis, qui défendent de prononcer la contrainte pour quelque dette que ce soit, se hâtent d'ajouter *fors por la nostre* (3). L'art. 5 de l'ordonnance de 1667 déclare qu'il n'est point dérogé à la contrainte par corps qui a lieu pour les deniers royaux : elle s'exerçait au profit du Roi contre tous les comptables, et au profit des fermiers des impôts contre les sous-fermiers et contre leurs commis. Elle avait lieu aussi pour les droits d'aides contre les cabaretiers et débitants de boissons au détail, art. 3. tit. 6, ordonnance de juin 1680. S'il y avait contestation de la part de la personne contrainte, c'était en première instance devant l'élection, et en appel devant la Cour des aides que le différend était porté, tit. 8, art. 9 et 10.

Lorsque la Convention rendit le décret du 9 mars sur la contrainte par corps, elle sentit, ainsi que nous l'avons déjà remarqué, que l'abolition de ce moyen d'exécution ne pouvait pas être étendue aux matières

(1) Loi 2. Cod. *De exact. tributorum.*
(2) L. 1. *Qui bonis cedere possunt.*
(3) *Suprà*, n° 30.

administratives (1). La loi de germinal an VI n'innova pas sur ce point; en vertu de son art. 3 du titre Ier, la contrainte par corps continua à avoir lieu pour versement de deniers publics et nationaux, et le Code Napoléon déclara dans son article 2070, qu'il n'était point dérogé aux lois qui concernent l'administration des deniers publics.

Aujourd'hui, les lois auxquelles se référait le Code Napoléon n'existent plus : la loi du 17 avril 1832, en réglementant à nouveau cette matière, les a abrogées.

Avant d'examiner les dispositions de cette loi, constatons que la contrainte par corps n'a jamais lieu contre les citoyens pour les forcer à payer l'impôt direct; autrefois elle n'avait pas lieu pour le payement de la taille, de la capitation et du dixième. Du reste, la loi de 1832 a désigné par une mention spéciale toutes les personnes contre qui elle a lieu pour deniers publics. Nous allons suivre son énumération.

111. — Elle soumet à la contrainte par corps, pour raison du reliquat de leurs comptes, déficit ou débet constatés à leur charge et dont ils ont été déclarés responsables :

1° Les comptables de deniers publics ou d'effets mobiliers publics et leurs cautions. Ce sont les receveurs généraux, particuliers, les percepteurs, les caissiers; enfin tous ceux à qui l'administration confie des deniers appartenant à l'État. La loi a déclaré que les cautions des comptables étaient de plein droit soumises à la contrainte par corps. C'est une garantie de plus

____

(1) Voy. *Suprà*, n° 19.

accordée au Trésor public. Dans la discussion de la loi de 1832, on avait proposé d'assimiler les cautions des comptables à celles des contraignables par corps en matière civile, c'est-à-dire qu'on n'eût pu les emprisonner que si elles s'étaient formellement soumises à la contrainte par corps; mais cette proposition a été rejetée, parce que les cautions des comptables sont présumées associées aux bénéfices; on les considère alors comme des débiteurs solidaires.

2° Les agents ou préposés des comptables qui ont personnellement géré ou fait la recette sont aussi contraignables. L'État ne doit pas souffrir de perte, quand même il reconnaît que ce n'est pas le comptable qui a détourné les fonds publics, mais un de ses employés, il faut qu'il puisse forcer immédiatement le véritable coupable à rendre gorge, c'est l'expression financière. Si le comptable a été obligé de payer pour son préposé, nous pensons qu'il pourra exercer la contrainte par corps contre ce préposé pour les sommes qu'il a payées pour lui par suite de ses malversations.

3° Sont soumises à la contrainte par corps toutes personnes, qui, sans être comptables ou fonctionnaires publics, ont perçu cependant des deniers de l'État, dont elles n'ont point effectué le versement ou l'emploi, ou qui, ayant reçu des effets mobiliers appartenant à l'État, ne les représentent pas, ou ne justifient pas de l'emploi qui leur avait été prescrit (art. 8, loi de 1832).

4° Sont assimilés aux comptables de l'État, et par conséquent soumis à la contrainte par corps, les comptables chargés de la perception des deniers ou de la garde et de l'emploi des effets mobiliers appartenant aux communes, aux hospices et aux établissements publies, ainsi que leurs cautions et leurs agents et préposés ayant personnellement géré ou fait la recette, art. 9. Cet article doit être étendu aux comptables des deniers appartenant aux départements, quoiqu'il ne parle que des communes. Lors de la discussion du Code Napoléon, le conseiller d'État Jollivet avait demandé qu'on spécifiât que les agents qui ont la manutention des revenus des communes et des établissements publics, fussent soumis à la contrainte par corps; il fut répondu par Portalis et Bigot de Préameneu que cela existait déjà pour les communes et les hospices. La loi de 1832 qui traitait complètement de la contrainte par corps, devait rappeler ces dispositions; c'est ce qu'elle a fait dans son article 9.

5° Les entrepreneurs, fournisseurs, soumissionnaires et traitants, qui ont passé des marchés ou traités, intéressant l'État, les communes, les établissements de bienfaisance et autres établissements publics et qui sont déclarés débiteurs par suite de leurs entreprises, sont contraignables par corps.

6° Les cautions des personnes dénommées au numéro précédent, ainsi que leurs agents et préposés qui ont personnellement géré l'entreprise, et toute personne déclarée responsable des mêmes services le sont également, art. 10.

7° La contrainte par corps peut encore avoir lieu contre les redevables, débiteurs et cautions des droits de douanes, d'octrois et autres contributions indirectes, qui, pour obtenir la libre disposition de l'objet soumis au droit et qui en était le gage, ont souscrit des engagements pour le montant de ce droit.

112. — L'âge et le sexe, qui, en matière civile et

commerciale, sont des causes d'exemption, en ce qui touche la contrainte par corps, procurent-ils le même bénéfice en matière administrative?

L'article 12 de la loi de 1832 dit que les femmes et filles peuvent être contraintes par corps. Cette disposition est dans leur intérêt, sans cela on n'aurait pas pu leur confier les bureaux de poste, de timbre et de tabac, qui souvent sont tenus par des femmes.

Quant aux septuagénaires, l'article 12 fait une exception en leur faveur, ils ne sont pas contraignables.

La loi ne parle pas des mineurs; c'est qu'on n'a pas supposé que des mineurs pussent être comptables de deniers publics. Mais les mineurs peuvent être commerçants, et, comme tels, obtenir des crédits pour droits de douane; si, au moment de la liquidation, leur compte se solde en débet pour eux, il nous semble qu'ils peuvent être contraints par corps. La loi n'ayant pas fait d'exception à leur égard, ils restent dans le droit commun, et le droit commun est que le débiteur de droits de douanes qui a obtenu un crédit, peut être condamné par corps. Nous déciderions de même si, par impossible, un mineur se trouvait comptable envers l'État.

113. — Autrefois, en matière administrative, la contrainte par corps avait lieu pour toute somme, quelque minime qu'elle fût. L'article 13 de la loi de 1832 a établi qu'elle n'aurait plus lieu que pour une somme principale excédant 300 fr.

114. — L'article 2067 du Code Napoléon dit que la contrainte par corps ne peut être appliquée qu'en vertu d'un jugement. Il est dérogé à ce principe par l'article 16 de la loi de 1832, qui, pour le mode des

poursuites à exercer en matière administrative, maintient les dispositions des lois antérieures. Contre les comptables, la contrainte par corps n'est pas prononcée judiciairement, mais administrativement. Le ministre des finances peut décerner les contraintes administratives qui s'exécutent par corps contre toutes les personnes dénommées à la loi de 1832, et dont le compte avec le Trésor public se solde en débet. (Lois des 12 vendémiaire et 13 frimaire an VIII.) Dans certains cas, les contraintes peuvent être décernées par des fonctionnaires subordonnés au ministre des finances; mais alors, pour pouvoir être exécutées, il faut qu'elles soient revêtues du visa du juge de paix ou du président du tribunal civil, et de la formule exécutoire. Dans notre ancien droit, on exigeait le visa d'un officier des élections. (Ord. 1680, tit. VIII, art. 4.) Quant aux contraintes ministérielles, elles sont exécutoires par elles-mêmes, aux termes des lois des 12 vendémiaire, 13 frimaire et 18 ventôse an VIII.

Nous avons dit plus haut que les comptables qui avaient été obligés de payer des sommes détournées par leurs agents pouvaient employer la contrainte par corps afin de se faire rembourser leurs avances. Dans ce cas, un jugement est-il nécessaire? Il faut distinguer si le comptable, dont l'agent a été infidèle, a le pouvoir de décerner des contraintes ou non. S'il peut en décerner, il n'est certes pas besoin qu'il prenne un jugement; mais s'il n'a pas pouvoir de décerner une contrainte administrative, il ne pourra faire emprisonner son agent que sur la présentation d'un jugement de condamnation, à moins que son supérieur hiérarchique, qui peut décerner des contraintes, ne consente officieusement à en décerner une au nom de l'État contre l'agent malversateur.

Les comptables peuvent former opposition à l'exécution des contraintes administratives; mais ce n'est pas, comme en matière ordinaire, devant le juge des référés, car ce juge ne peut pas, à raison de la séparation des pouvoirs, connaître de l'exécution des actes purement administratifs; l'opposition doit être formée devant les tribunaux administratifs; en suivant les lois particulières qui régissent cette matière.

CHAPITRE VII.

De la contrainte par corps contre les militaires.

SOMMAIRE.

115. — Les militaires en activité de service sont-ils contraignables par corps? — Exposé de la question.
116. — Décision. — Formalités à observer.
117. — De la contrainte par corps en Algérie.

---

115. — Nous avons vu jusqu'ici dans quels cas et contre quelles personnes la contrainte par corps a lieu en matière civile, commerciale et administrative. Maintenant nous avons à examiner la question de savoir si la qualité de militaire peut soustraire le débiteur à la contrainte dans un cas où toute autre personne y serait soumise.

Si le militaire est comptable de deniers publics.

putà, s'il est mployé dans l'administration de la guerre, ce sera à l'autorité militaire, au ministre de la guerre ou aux fonctionnaires à qui il a délégué son pouvoir à cet égard qu'il appartiendra de décerner la contrainte administrative. L'autorité militaire la décernera ou ne la décernera pas, suivant qu'elle estimera qu'il vaut mieux chercher à recouvrer les fonds qui manquent, ou qu'il est préférable de laisser le militaire comptable continuer son service. C'est là une question d'administration qui ne peut jamais être soumise aux tribunaux.

Mais si un militaire se trouve dans un des cas où la loi civile admet la contrainte par corps, ou s'il a contracté une dette commerciale, quel parti les tribunaux appelés à se prononcer devront-ils prendre? Dans l'ancienne jurisprudence, on décidait que les gens de guerre ne pouvaient être contraints par corps pendant qu'ils étaient en service ou garnison (1). Dans le droit intermédiaire, la loi des 8-10 juillet 1791 disait, dans l'article 63 de son titre III, que les officiers qui, dans les deux mois, n'avaient pas satisfait aux condamnations prononçant contre eux la contrainte par corps, étaient réputés démissionnaires; et un arrêté consulaire du 7 thermidor an VIII déclarait qu'il n'était pas dérogé en faveur des conscrits à la loi de germinal an VI. La loi sur le recrutement est muette sur la question, et celle sur la contrainte par corps l'est aussi. Que décider? L'article précité de la loi de 1791 n'est plus en vigueur; nous n'avons donc pas à nous en occuper; quant à l'arrêté consulaire de l'an VIII

____

(1) Pothier, Procédure civile, ch. de la Contrainte par corps, § II, 6°.

nous devons reconnaître qu'il laisse sous l'empire du droit commun les conscrits qui n'ont pas encore été incorporés dans l'armée; mais il ne contient aucune disposition relative aux soldats qui sont sous les drapeaux. M. Coin-Delisle, sur l'article 2069, nomb. 41, refuse de faire en leur faveur une exception qui n'est pas écrite dans la loi (1). Cependant, ici l'intérêt public semble exiger qu'on fasse cette exception : M. Troplong (2) veut bien la faire pour le soldat en faction et pour l'officier à la tête de ses troupes, mais il se refuse à l'admettre dans toute autre circonstance. Ne peut-on pas dire que le soldat qui est sous le drapeau, et l'officier qui est en activité, sont à tout instant exposés à recevoir des ordres auxquels il faut obéir sans retard? N'y a-t-il pas à craindre une désorganisation dans le service militaire, si le soldat ou l'officier sur lequel le supérieur hiérarchique a compté ne peut ni recevoir, ni exécuter l'ordre donné, parce qu'il est en prison pour dettes? La Cour de Caen avait vu là un danger sérieux, lorsque la question s'était présentée devant elle, le 22 juin 1829. M. l'avocat-général de Préfeln disait dans cette circonstance : « Il nous semble qu'on doit faire fléchir la loi sur la contrainte devant la loi sur le recrutement; et, en effet, l'une est une loi d'Etat qui touche à un intérêt général; l'autre ne concerne que les particuliers; et avant que le créancier eût des droits sur la personne de son débiteur, l'Etat en avait acquis, puisque du jour où naît un individu, il appartient à la patrie, qui a le droit de réclamer ses ser-

---

(1) Cette opinion est longuement développée dans un jugement rendu, le 17 août 1836, par le Tribunal supérieur d'Alger.

(2) N° 381.

vices. » M. l'avocat-général pensait même que la mise en liberté du soldat devait être prononcée d'office dans l'intérêt de l'Etat, si le soldat ne la réclamait pas. Sur ces conclusions fut rendu l'arrêt suivant :

« La cour, considérant... qu'il importe peu qu'aucune loi ne se soit prononcée d'une manière expresse à cet égard, parce que l'exception aux règles communes dérive ici d'une condition essentielle à l'existence de la force militaire, qui est que le soldat ne puisse être distrait, par des motifs de pur intérêt privé, du service qu'il remplit ou de celui que l'ordre de ses chefs peut lui prescrire d'un instant à l'autre; que s'écarter de ces principes ce serait compromettre l'intérêt public et la sûreté de l'Etat, etc. »

116. — Aujourd'hui on ne pourrait pas juger de même. Il faut reconnaître que les militaires sont contraignables par corps; car l'article 72 de l'ordonnance du 26 septembre 1842 dit, à propos de la contrainte par corps : « Toutefois, cette contrainte, prononcée contre des militaires présents en Algérie et en activité sous les drapeaux, ne sera mise à exécution qu'un mois après l'avis donné par la partie poursuivante au chef de l'état-major de la division, qui en fournira récépissé. » C'est reconnaître que la contrainte par corps peut être prononcée contre les militaires; seulement, l'ordonnance de 1842 s'est attachée à concilier l'intérêt privé du créancier avec l'intérêt public du service de l'armée. Si les militaires sont contraignables en Algérie, devant l'ennemi, *à fortiori* doivent-ils l'être sur le territoire de la France? Mais nous pensons que l'autorité militaire a le droit de s'opposer à l'arrestation, lorsque la partie poursuivante ne l'a pas avertie dans

les délais nécessaires pour remplacer dans l'ordre du service, par un autre soldat ou officier, le soldat ou l'officier condamné à l'emprisonnement pour dettes.

Tout dernièrement, l'article précité de l'ordonnance de 1842, qui n'avait été rédigé qu'en vue des militaires français d'origine, vient d'être étendu aux chefs arabes. Le décret donné le 10 octobre 1852, à Angoulême, est ainsi conçu :

« La contrainte par corps ne peut être mise à exécution, en Algérie, à l'égard des chefs indigènes investis d'un commandement par le Gouvernement français, que conformément aux règles tracées par le paragraphe 2 de l'article 78 de l'ordonnance royale, en date du 26 septembre, 1842, sur l'organisation de la justice en Algérie. »

117. — Puisque nous venons de parler de l'Algérie, nous dirons ici que, dans cette colonie, tout jugement portant condamnation au payement d'une somme d'argent ou à la délivrance de valeurs ou effets mobiliers, peut, lors de sa prononciation, être déclaré exécutoire par la voie de la contrainte par corps. (art. 72, § 1er, Ord. 1842.)

CHAPITRE VIII.

De la Contrainte par corps en droit constitutionnel.

SOMMAIRE.

118. — Précédents de la question jusqu'en l'an V.

119. — Discussion de la question aux conseils, en l'an V et en l'an VI. — Constitution de frimaire.

120. — Dispositions de la Charte de 1814 et de l'acte additionnel aux Constitutions de l'Empire.

121. — De la jurisprudence de la Chambre des pairs.

122. — Constitution de 1848.

123. — Des Sénateurs et des membres du Corps législatif.

---

118. — Dans ces derniers temps, l'exercice de la contrainte par corps en matière constitutionnelle a donné lieu à de vifs débats. C'était, il est vrai, sous l'empire d'une constitution qui n'existe plus; mais comme aujourd'hui encore des questions analogues à celles qui ont déjà été discutées peuvent être soulevées de nou-

veau, notamment en ce qui touche les Sénateurs, nous croyons devoir rappeler les précédents.

La question de savoir si les membres d'une assemblée délibérante sont contraignables par corps s'est présentée pour la première fois à la Grande Assemblée constituante, le 7 juillet 1790. Un débiteur avait écrit au président de cette assemblée pour lui demander s'il pouvait faire arrêter et emprisonner un député. L'Assemblée avait proclamé l'inviolabilité de ses membres, c'est ce qui avait fait que le débiteur doutait de son droit. Mais cette inviolabilité ne devait produire d'effets qu'au criminel ; aussi l'Assemblée se hâta-t-elle de rendre le décret que voici :

« L'Assemblée nationale décrète que son président est chargé de répondre au sieur Rollin qu'elle trouve juste qu'il exerce contre son débiteur tous les droits et toutes les contraintes que lui assure la loi. »

On ne pouvait faire une réponse plus simple et plus noble ; le mandat de député ne doit pas dispenser d'acquitter ses dettes. Si l'Assemblée constituante n'avait pas voulu laisser arrêter un de ses membres, il aurait fallu payer pour lui, comme le disait Lecamus à la séance du 7 juillet 1790 ; c'eût été le seul moyen digne de la représentation nationale.

Lorsqu'on fit la loi qui organisait le pouvoir législatif, l'Assemblée constituante profita de l'occasion pour établir d'une manière formelle que le droit commun était applicable aux membres du Corps Législatif. L'article 54 de la loi du 13 juin 1791 dit, en effet : « En matière civile, toute contrainte légale pourra être exécutée sur les biens d'un représentant ou contre sa personne tant que la contrainte par corps aura lieu contre les autres citoyens. » Et les représentants furent contraignables par corps jusqu'au décret du 9 mars 1793.

119. — En l'an V, lorsque, sur les instances réitérées des commerçants, les conseils s'occupèrent du rétablissement de la contrainte par corps, la question relative aux représentants fut posée, mais sans être résolue. A la séance du Conseil des Anciens, le 24 ventôse an V, Dupont de Nemours, qui combattait le principe de la contrainte, demanda quelle serait la position des représentants si l'on adoptait la résolution du Conseil des Cinq-Cents. Il dit :

« Laissera-t-on les représentants du peuple soumis à l'exercice ordinaire de la contrainte par corps ? Alors une intrigue (et peut-être une intrigue gouvernementale) peut priver la nation d'une partie de sa représentation. Convoquera-t-on pour eux la Haute-Cour ? Ce serait là la transformer en tribunal de commerce. Affranchira-t-on les représentants de la contrainte par corps ? Il faut alors s'attendre que, comme en Angleterre (1), certaines gens se feront élire pour se dispenser de payer leurs dettes. »

Comme en l'an V on ne s'occupait que du principe, on ne prêta pas autrement attention aux objections de Dupont de Nemours. Mais, en l'an VI, lorsqu'il s'agit d'organiser la contrainte par corps, la question se représenta. Elle fut soulevée et résolue par Malleville au Conseil des Anciens, dans la séance du 14 germinal an VI. Voici ses paroles : « La contrainte par corps

(1) En Angleterre, les membres du Parlement sont exempts de la contrainte par corps. Lord Brougham, *Compte-rendu des séances de l'Académie des sciences morales et politiques*, t. 11, p. 293.

peut-elle peser sur les représentants du peuple? Dans une démocratie, il ne peut avoir de préférence pour aucun citoyen. Aussi l'acte constitutionnel n'admet-il qu'une exception pour les représentants du peuple (1). Il est donc dans son esprit qu'il n'y en ait point d'autre. La dignité des représentants du peuple est dans leur caractère même ; leur conduite doit la soutenir ; les exemptions n'y ajouteraient rien. »

La loi fut votée le lendemain ne fit aucune exception pour les membres des deux Conseils, ils restèrent donc soumis au droit commun.

Sous la Constitution du 22 frimaire an VIII, la contrainte par corps put être exercée contre les Sénateurs, les tribuns et les membres du Corps Législatif. A leur égard, le droit commun subsista en principe.

Merlin dit, dans ses questions de droit (2) : « Avant la restauration de 1814, il était généralement reconnu que les membres du Corps Législatif étaient, en matière civile, contraignables par corps, ni plus ni moins que les simples citoyens. »

Nous devons dire, pour l'honneur de l'époque où la Constitution de frimaire était en vigueur, qu'il n'y eut jamais lieu à faire application de ce principe.

120. — En 1814, pour la première fois les membres des assemblées délibérantes furent soustraits au droit commun. L'article 51 de la Charte de 1814 disait qu'aucune contrainte par corps ne pouvait être exercée contre un membre de la Chambre des députés durant la session et durant les six semaines qui la précé-

---

(1) En matière criminelle.

(2) V° Contrainte par corps, § XII, t. 7, Additions.

daient ou la suivaient. Cet article fut maintenu dans la Charte de 1830, sous le numéro 43.

Quant aux pairs de France, le droit, à leur égard, était réglé par l'article 34 de la Charte de 1814, devenu l'article 29 de celle de 1830. L'ancienne pairie d'avant 1789 avait souvent réclamé l'exemption de la contrainte par corps, mais sans jamais pouvoir l'obtenir; car nous trouvons dans Brillon la mention suivante : « Arrêt du Parlement de Paris du 19 mars 1624, contre M. de Candale, duc d'Alvin et pair de France, appelant d'une sentence qui l'avait condamné par corps au payement de plusieurs sommes. Comme il y avait des circonstances qui pouvaient rendre douteux le motif de l'arrêt, M. le premier président avertit les avocats que la Cour avait jugé la question contre tous les ducs et pairs. » Dans l'ancienne monarchie, le titre de pair était purement honorifique; les pairs n'étaient pas chargés de fonctions publiques dont ils ne pussent pas être distraits. En 1814, l'organisation de la pairie était bien différente de ce qu'elle avait été autrefois; on pensa que l'intérêt de l'État exigeait qu'un simple particulier ne pût pas priver la chambre d'un de ses membres.

L'acte additionnel aux Constitutions de l'Empire avait aussi admis l'inviolabilité civile des membres des deux Chambres; il disait : « Art. 15. Aucun (membre de l'une ou l'autre Chambre) ne peut être arrêté ni détenu pour dettes à partir de la convocation ni quarante jours après la session. »

121. — Comme cet acte additionnel ne fut pas longtemps en vigueur, il ne donna pas lieu à des questions semblables à celles qui furent soulevées sur la

Charte de 1814. L'article de cette charte relatif à la pairie n'était pas rédigé d'une façon très claire: il s'exprimait ainsi : «Aucun pair ne peut être arrêté que de l'autorité de la Chambre, et jugé par elle en matière criminelle. » Cet article s'appliquait-il seulement à l'arrestation en matière criminelle, ou aussi à l'arrestation en matière civile? La Chambre des pairs eut à se prononcer sur cette question en 1820 et en 1822. Elle décida que l'article de la Charte était général et s'appliquait à toutes matières; que les tribunaux pouvaient prononcer la contrainte par corps contre les pairs; mais que la Chambre, non seulement pouvait, mais devait se refuser à la laisser exécuter. Cette dernière partie de la décision de la Chambre des pairs fut vivement critiquée, et les auteurs enseignaient (1) que la Chambre n'était pas obligée de s'opposer à l'exécution de la contrainte prononcée contre un de ses membres; qu'elle avait, à cet égard, un pouvoir discrétionnaire qui lui permettait d'autoriser l'exécution. Le 4 décembre 1830, la Chambre des pairs est revenue sur cette décision; elle a annoncé qu'elle accorderait l'autorisation d'exercer la contrainte par corps lorsqu'elle le jugerait convenable, et, le 29 janvier 1831, elle fit application de cette nouvelle résolution.

122. — La Constitution de 1848 ne contenait, en faveur des représentants, aucune disposition analogue à celles qui se trouvaient dans la Charte pour les pairs et pour les députés. La conclusion à tirer de ce silence était que les représentants étaient contraignables par corps comme les autres citoyens. Aussi, lors-

____

(1) Merlin, *Questions*, t. 7, V° Contrainte par corps, § XII.

que la question se présenta, le 27 décembre 1850, le tribunal de la Seine décida que la contrainte par corps pouvait être appliquée, et il ordonna de passer outre à l'écrou d'un représentant arrêté qui avait introduit un référé. Le jugement était inattaquable, et il ne pouvait pas être rendu une décision plus juridique, comme l'a si bien démontré M. Paillard de Villeneuve (1), au moment même où l'Assemblée législative, méconnaissant le grand principe de la séparation des pouvoirs, brisait l'œuvre de la justice en passant à l'ordre du jour. On avait dit, dans la discussion, que, si l'Assemblée reconnaissait les représentants contraignables par corps, l'indépendance du pouvoir législatif serait menacé à tout moment, et qu'une intrigue gouvernementale pourrait enlever de leurs bancs vingt, trente, cent, peut-être, des membres de la représentation. On a vu que cet argument avait déjà été présenté en l'an V par Dupont de Nemours; en 1850, il était reproduit par M. de Vatimesnil. Pour n'être pas nouveau il n'en était pas meilleur. Comme si, en effet, il avait pu dépendre du gouvernement de faire signer des lettres de change à cent représentants, et de s'opposer à ce qu'il les acquittassent à l'échéance. Cet ordre du jour inconstitutionnel, qui brisa le jugement du tribunal de la Seine, était donc inspiré par des craintes imaginaires.

L'Assemblée ne voulut pas reconnaître expressément que le silence de la constitution laissait les représentants soumis à la contrainte par corps, mais elle le reconnut implicitement le 21 janvier 1851, en votant

---

(1) *Gazette des Tribunaux* des 31 décembre 1850 et 1 janvier 1851.

une loi qui disposait qu'à l'avenir la contrainte ne pourrait être mise à exécution contre les représentants sans l'autorisation préalable de l'Assemblée. Cette loi déclarait démissionnaire tout représentant contre lequel l'exercice de la contrainte par corps aurait été autorisé et qui n'aurait pas obtenu la décharge de cette contrainte dans les trois mois. Maintenant que la constitution de 1848 a cessé d'exister, cette loi du 21 janvier 1851 ne subsiste plus que comme document historique.

123. — Sous l'empire de la constitution actuelle, les Sénateurs et les députés au Corps Législatif sont-ils contraignables par corps? Pour les membres du Corps Législatif, il n'y a pas de doute possible sur cette question; l'article 10 du décret organique du 2 février 1852 dit, en termes exprès, qu'aucune contrainte par corps ne peut être exercée contre un député, durant la session et pendant les six semaines qui la précèdent ou la suivent.

En ce qui concerne les Sénateurs la question n'est pas aussi simple; il n'y a ni dans la constitution, ni dans les décrets organiques, rien qui la résolve expressément. Que décider? Pour soutenir que les Sénateurs ne sont pas contraignables par corps, on peut raisonner *à fortiori* de ce qui a lieu pour les députés. Car, dans l'ordre hiérarchique des attributions constitutionnelles, celles du Sénat sont plus nombreuses et plus importantes que celles du Corps Législatif. On peut encore argumenter de ce que l'article 3 du décret du 24 mars 1852 dispose que les dotations des Sénateurs sont incessibles et insaisissables. Aux termes de la Constitution les dotations sont accordées aux Sénateurs en raison de services rendus et de leur position de fortune. Le législateur n'a pas voulu que les dotations données aux Sénateurs, pour soutenir la dignité de leur rang, fussent affectées à un autre emploi et passassent entre les mains des créanciers. On peut dire alors que, si les Sénateurs sont soumis à la contrainte par corps, les créanciers recourront à ce moyen pour obtenir indirectement ce que la loi ne leur permet pas d'obtenir directement, c'est-à-dire qu'ils se feront donner l'argent des dotations qu'on n'a pas voulu, cependant, qu'ils pussent saisir. Malgré ces arguments, nous pensons que dans le silence de la loi il faut reconnaître que les Sénateurs sont contraignables. On n'introduit pas des exceptions par voie d'interprétation, il faut pour cela un texte formel. Les dotations sont insaisissables, c'est vrai, mais les pensions alimentaires le sont aussi, et il arrive tous les jours que l'on contraint par corps des personnes pourvues de pensions de cette sorte. Le Sénateur qui sera obligé de prendre sur sa dotation pour éviter l'emprisonnement, vivra peut-être avec moins d'éclat, mais ne vaut-il pas mieux pour la dignité de ses fonctions qu'il se libère envers ses créanciers? L'argument tiré de l'insaisissabilité des dotations ne nous paraît donc pas assez considérable pour que nous déclarions les Sénateurs affranchis de la contrainte par corps.

CHAPITRE IX.

De la contrainte par corps à l'égard des étrangers.

SOMMAIRE.

124 — Droit spécial pour les étrangers. — Ordonnance de 1667. — Loi de floréal an VI.

125. — Code Napoléon. — Loi du 10 septembre 1807.

126. — Loi du 17 avril 1832. — Elle ne statue que pour les créanciers français.

127. — L'étranger domicilié dans l'Empire n'est pas atteint par la loi de 1832.

128. — Exceptions en faveur de l'âge et du sexe. — Exceptions relatives.

129. — Taux au-dessous duquel les étrangers ne peuvent être contraints par corps.

130. — De l'arrestation provisoire.

131. — Du cas où le créancier français est cessionnaire d'un étranger.

132. — Du moyen de se pourvoir contre l'ordonnance qui prononce l'arrestation provisoire.

Des étrangers revêtus d'un caractère diplomatique.

133. — De l'immunité diplomatique; de ses causes.

134. — Du refus de passeport.
135. — Chez nous, l'immunité diplomatique résulte
de la coutume.
136. — Les consuls sont contraignables par corps.

---

124. — En ce qui concerne l'application de la contrainte par corps, notre droit traite les étrangers d'une façon toute exceptionnelle.

Lorsque l'ordonnance de 1667 revint sur le principe qui avait été admis en 1566, lorsqu'elle établit qu'à l'avenir la contrainte par corps n'aurait plus lieu pour toute espèce de dettes, et qu'elle détermina les cas où l'on pourrait encore avoir recours à cette voie d'exécution, elle ne parla que pour les sujets du Roi. Le droit, pour les étrangers, continua donc à se trouver dans l'article 48 de l'ordonnance de Moulins, et ils furent, comme par le passé, contraignables par corps en toutes circonstances. Il fallait bien assurer aux créanciers français un moyen efficace pour obtenir leurs payements d'étrangers qui ne sont en France que momentanément, qui n'ont dans le pays aucuns biens pouvant offrir des garanties solides, et qui, après leur départ, pourraient impunément refuser de payer leurs dettes. Ce n'était donc pas par inadvertance, mais par un sentiment de protection pour les Français, que l'ordonnance de 1667 n'avait pas parlé des étrangers.

La loi de germinal an VI, qui abrogeait toutes les lois antérieures, ne s'était pas occupée des étrangers;

c'était une lacune qui fut bientôt comblée par la loi du 4 floréal an VI. Cette loi revint aux anciens principes, et son article 1er déclara que tout étranger résidant en France y serait soumis à la contrainte par corps pour tous engagements qu'il contracterait dans l'étendue de la République avec des Français, à moins qu'il n'y possédât des propriétés foncières ou un établissement de commerce.

125. — Le Code Napoléon fit comme la loi de germinal, il omit de parler des étrangers ; par conséquent ils rentrèrent dans le droit commun et ne furent plus contraignables par corps que dans les cas où les Français l'étaient eux-mêmes. Il n'y avait pas trois ans que cette législation était en vigueur, que de grands scandales s'étaient déjà produits : des étrangers avaient contracté en France des dettes considérables, et ils s'étaient enfui sans les payer. L'intérêt des Français réclamait du gouvernement une loi de protection contre de pareils violations des engagements. Le 10 septembre 1807 fut promulguée une loi plus sévère que toutes celles qui l'avaient précédée. Elle établit que tout jugement de condamnation, prononcé au profit d'un Français contre un étranger non domicilié dans l'Empire, emporterait la contrainte par corps (art. 1er). De plus, elle permit à tout créancier français, s'il n'était pas payé à l'échéance, de requérir l'arrestation provisoire de son débiteur étranger. Cette loi n'était faite, comme le disait Treilhard en la présentant au Corps Législatif, que contre l'étranger non domicilié en France, c'est-à-dire contre l'étranger qui, d'un moment à l'autre, peut disparaître sans laisser après lui aucune trace de son passage. En effet, l'étran-

ger qui avait en France soit des immeubles, soit un établissement de commerce, ou qui donnait comme caution une personne domiciliée en France, n'était pas exposé à l'arrestation provisoire.

126. — La loi du 17 avril 1832, qui organise la contrainte par corps en toutes matières et sous tous les rapports, a consacré un titre spécial aux dispositions relatives aux étrangers. Dans ce titre, elle a maintenu les principes de la loi de 1807, dont elle a même reproduit textuellement les termes; elle y a fait toutefois quelques additions que nous allons examiner en nous occupant de la condition actuelle des étrangers.

Aujourd'hui l'article 14 de la loi de 1832, qui est la reproduction littérale de l'article 1er de la loi de 1807, dispose que tout jugement rendu au profit d'un Français contre un étranger peut être exécuté par corps.

Remarquons, sur cet article 14, qu'il n'est pas nécessaire que le jugement de condamnation prononce dans son dispositif la contrainte par corps contre l'étranger, il n'est même pas nécessaire que des conclusions soient prises à cet égard (1). C'est une dérogation au principe de l'article 2068 du Code Napoléon, elle résulte du texte de la loi; en effet, notre article 14 dit : Le jugement *emportera* la contrainte par corps C'est ainsi que la jurisprudence (2) interprétait la loi de 1807, c'est ainsi qu'on doit interpréter celle de 1832, puisque les termes de ces deux lois sont identiques.

Pour que les étrangers soient contraignables en vertu

(1) Voy. Legal, *Code des étrangers*, p. 330.
(2) Bordeaux, 16 février 1850.

de l'art. 14 précité, il faut que le jugement de condamnation ait été rendu au profit d'un Français. Ainsi, un étranger, domicilié en France et admis par autorisation de l'Empereur à la jouissance des droits civils, ne pourrait pas exercer la contrainte par corps contre un autre étranger qui n'aurait pas obtenu la même faveur que lui. En effet, le droit accordé au Français de poursuivre par corps tout étranger condamné envers lui, est un de ces droits civils qui ne peut être exercé même par les étrangers admis à jouir des droits civils, puisque la loi a pris soin de dire en termes exprès et formels, qu'elle ne l'établissait que si le jugement de condamnation était rendu *au profit d'un Français*. C'est ce qui a été jugé le 8 janvier 1831 par la Cour de Paris, dans une espèce où deux Anglais étaient en cause : la Cour a rejeté la prétention de celui d'entre eux qui, étant domicilié en France, voulait faire emprisonner son compatriote. Depuis, la Cour de Paris a persisté dans cette jurisprudence par un arrêt rendu le 21 mars 1842 dans des circonstances analogues (1).

127. — La loi de 1832, comme celle de 1807, ne soumet à la contrainte par corps que les étrangers qui ne sont pas domiciliés en France. Le droit de n'être emprisonné, que dans les cas prévus et déterminés par la loi, est un droit civil qu'aucune disposition ne réserve exclusivement aux Français; en conséquence, tout étranger admis par autorisation impériale à fixer son domicile en France, doit pouvoir l'invoquer à son profit. Quant à l'étranger qui n'aurait en France qu'une

____

(1) Nous parlerons, à propos de l'arrestation provisoire, du cas où le créancier français est cessionnaire d'un étranger.

résidence de fait, et pour qui les formalités prescrites par l'art. 13 du Code Napoléon n'auraient pas été remplies, il ne pourrait échapper à la contrainte par corps, résidât-il dans l'Empire depuis un nombre d'années considérable (1).

128. — Le principe est que tout étranger non domicilié en France, est soumis à la contrainte par corps, lorsqu'il a été condamné envers un Français. Ce principe reçoit quelques-unes des exceptions que la loi a introduites en faveur de l'âge et du sexe. Ainsi, lorsque l'étranger condamné sera septuagénaire, il ne pourra être emprisonné, que la dette soit civile ou commerciale, mais le cas du stellionat est réservé comme à l'ordinaire. Ainsi, les femmes et les filles ne le seront pas davantage pour dettes civiles, toujours sauf le cas de stellionat (art. 18, loi 1832). La loi ne parle pas des étrangers mineurs, que faut-il décider en ce qui les concerne? Alors que la loi de 1832 n'avait pas fait d'exception pour les septuagénaires et pour les femmes, la Cour de Paris avait jugé le 19 mai 1830, que la loi du 10 septembre 1807 était une loi de police et de sûreté, faite pour protéger l'intérêt national contre les débiteurs étrangers; qu'elle n'admettait aucune exception et s'étendait aux mineurs comme aux majeurs; que l'art. 2064 du Code Napoléon, spécial au mineur français, était inapplicable au mineur étranger. *A fortiori*, doit-on juger de cette façon maintenant que la loi de 1832 a fait des exceptions pour les septuagénaires et pour les femmes, et qu'elle n'en a point fait pour les mineurs, *Inclusio unius fit exclusio alterius.* C'est un argument de plus.

(1) Voy. Legal, *Code des étrangers*, p. 326.

Quant aux exceptions relatives qui sont contenues dans les art. 19 et 21 de la loi du 17 avril 1832, elles s'appliquent aussi aux étrangers. C'est ce qui résulte de la rubrique sous laquelle elles sont placées. Nous pensons que les art. 10 et 11 de la loi de 1848 qui ne sont que des additions aux exceptions relatives de la loi de 1832, doivent aussi être étendus aux étrangers.

129. — Sous l'empire de la loi de 1807, la contrainte par corps avait lieu quel que fût le chiffre de la condamnation. L'art. 14 de la loi de 1832 a établi que dorénavant les étrangers ne seraient contraignables par corps que si la somme principale de la condamnation était égale au moins à 150 fr. Au-dessous de cette somme, l'intérêt du créancier a paru trop minime pour qu'on l'armât d'un moyen aussi rigoureux que l'emprisonnement. On n'a pas admis le taux de 300 fr. qui est celui du droit civil, ni celui de 200 fr. qui est établi en droit commercial, parce qu'on a considéré que les étrangers font souvent, chez de petits fournisseurs, des acquisitions qui ne s'élèvent ni à 300 ni même à 200 francs, et qui sont cependant assez importantes pour qu'on en assure efficacement le recouvrement.

130. — La loi qui soumet toujours les étrangers à l'emprisonnement, serait le plus souvent inefficace si les créanciers français étaient astreints à observer, vis-à-vis de leurs débiteurs étrangers, toutes les formalités qui sont prescrites pour l'exécution de la contrainte par corps, et surtout s'ils étaient obligés de prendre un jugement de condamnation. Le débiteur, averti par les premières poursuites, se hâterait de quitter un pays où rien ne le retient, et sa fuite priverait les créanciers du seul moyen qui pût leur permettre d'obtenir leur payement. Pour que la garantie qu'elle accordait à nos nationaux ne fût pas illusoire, la loi de 1807 avait autorisé le président du tribunal civil à ordonner l'arrestation provisoire de l'étranger, même avant toute condamnation. La loi de 1832 a copié sur ce point la loi de 1807.

Pour que l'arrestation provisoire puisse avoir lieu, il faut la réunion de plusieurs conditions. Il faut d'abord que la dette soit échue ou exigible, ensuite que l'étranger ne soit pas domicilié en France, et enfin, qu'il y ait de suffisants motifs. Le Français, qui craint que la créance dont il est porteur ne soit pas acquittée, présente requête au président du tribunal civil avec les moyens à l'appui; et le président statue sur le vu de cette requête. S'il rend une ordonnance portant autorisation d'arrêter provisoirement l'étranger, le créancier est obligé de se pourvoir en condamnation dans la huitaine. Il ne faut pas qu'il puisse prolonger indéfiniment une arrestation provisoire. Si le créancier ne s'est pas pourvu en condamnation dans le délai de la loi, le débiteur peut présenter requête au président pour obtenir son élargissement qui ne doit pas lui être refusé, art. 15, loi de 1832.

Le débiteur étranger, qui, sans être domicilié en France, possède dans l'Empire des immeubles ou un établissement de commerce, ne peut pas être arrêté provisoirement avant d'avoir été condamné. Il en est de même de celui qui offre de donner une caution domiciliée en France. Mais le débiteur étranger, qui se trouve dans un de ces cas, ne peut pas éviter l'emprisonnement, s'il a été condamné envers un Français à payer plus de cent cinquante francs; sans quoi il pourrait arriver qu'un étranger, propriétaire en France d'un immeuble d'une très mince valeur, contractât des dettes très importantes, puis partît abandonnant à ses créanciers français son méchant immeuble, et allât jouir dans son pays d'une fortune considérable. Pour empêcher de pareils calculs et pour obliger les étrangers à acquitter leurs dettes de France avec les biens qu'ils ont dans leur pays, on ne veut pas qu'ils puissent se prévaloir de ce qu'ils sont dans un de cas prévus par l'article 16 de la loi de 1832 pour se soustraire à la contrainte par corps, quand une condamnation a été prononcée contre eux.

131. Pour requérir l'arrestation provisoire d'un étranger, il faut être Français; mais si le Français, porteur du titre de créance, n'est pas le créancier originaire, s'il tient le titre d'un autre étranger, peut-il requérir également l'arrestation provisoire du débiteur? A prendre la loi à la lettre, il semble qu'il le puisse, car l'article 15 parle du *créancier français*, et il ne distingue pas comment le Français est devenu créancier; mais il se présente une objection : l'étranger, qui a cédé son titre au Français, n'avait pas le droit de faire arrêter provisoirement le débiteur; partant, il n'a pu le transmettre. Si le Français voulait faire procéder à l'arrestation, c'est qu'alors il prétendrait avoir plus de droit que son cédant ; et puis n'y aurait-il pas à craindre que les créanciers étrangers ne cédassent leurs créances à des Français pour pouvoir faire arrêter leur débiteur? La Cour d'appel de Paris paraît ne pas l'avoir pensé; le 6 avril 1852 elle a jugé qu'un Français cessionnaire d'un étranger pouvait requérir l'arrestation pro-

visoire du débiteur qui, dans l'espèce, était Péruvien (1). Le débiteur cependant contestait les titres et
prétendait que le créancier poursuivant n'était pas un
cessionnaire sérieux; mais on représentait des jugements émanés des tribunaux Péruviens et qui étaient
rendus au profit du créancier Français. Cet arrêt,
rendu dans des circonstances toutes particulières, a
jugé bien plus en fait qu'en droit; il faut donc l'écarter. Prenant la question *in abstracto*, nous pensons
qu'on ne peut la résoudre que par la distinction que
M. Troplong propose d'après Merlin (2). Si le titre
de la créance est négociable par sa nature, transmis-
sible par la voie de l'endossement, comme le débiteur
en souscrivant un pareil titre a consenti à être tenu
envers le porteur, quel qu'il fût, nous déciderons que
si le dernier porteur est Français, l'arrestation provisoire pourra être requise par lui; il était possible que
le titre passât entre les mains d'un Français, et que ce
Français voulût user de sa loi, c'était une éventualité
que le souscripteur du titre avait dû prévoir. Mais si
le titre de la créance n'est pas négociable, les principes changent : l'étranger peut dire qu'il a bien consenti à traiter avec un de ses compatriotes, parce qu'il
connaissait la loi de son pays et qu'il en acceptait les
conséquences, mais qu'il ne doit pas dépendre de la
volonté du créancier et de celle d'un tiers de le soumettre à une loi qui n'est pas la sienne. Certes, tout
créancier peut céder ses droits de créance, mais à la
condition toutefois de ne pas aggraver la position du

(1) *Gazette des Tribunaux* du 15 avril 1852.
(2) N° 501.

débiteur. Dans l'espèce précitée, un Péruvien avait contracté une dette envers un autre Péruvien; au Pérou, la contrainte par corps n'a pas lieu pour toute espèce de dettes; le débiteur était bien assuré que son créancier ne pourrait le faire emprisonner. Un Français achète les droits du créancier Péruvien; et il suffirait de cette cession pour soustraire le débiteur à la loi de son pays, et pour l'assimiler à l'étranger qui vient en France et qui y contracte des dettes, avec l'intention de ne pas payer, comptant sur la fuite pour éviter les poursuites! Il nous semble donc que le Français cessionnaire d'un étranger ne peut pas se prévaloir des dispositions de la loi de 1832; il est aux droits de cet étranger, il ne doit pas pouvoir plus que lui.

132. — L'arrestation provisoire est autorisée par le président du tribunal de première instance, sur simple requête. Si l'étranger prétend ne pas se trouver dans les circonstances où la loi autorise l'emprisonnement provisoire, quelle voie de recours doit-il prendre contre l'ordonnance qui prononce cette mesure contre lui? Doit-il interjeter appel, ou bien peut-il se pourvoir au principal devant le tribunal? La solution de cette question dépend du caractère que l'on attribue à l'ordonnance du président. Si on la considère comme un jugement émanant d'un tribunal composé d'un seul juge, on doit décider que c'est la voie de l'appel qu'il faut prendre (1). Si, au contraire, on considère l'ordonnance comme une mesure administrative, alors on doit reconnaître que le tribunal est compétent. Quand on fit la loi du 10 septembre 1807, on pré-

(2) Troplong, 512. 513.

senta l'arrestation provisoire comme une mesure de police et de sûreté établie dans l'intérêt des nationaux. L'ordonnance qui la prononce contre un étranger n'a donc rien de judiciaire; aussi, nous pensons que l'étranger qui prétend que cette ordonnance a été rendue illégalement contre lui peut saisir le tribunal. Dans un arrêt du 6 décembre 1833, la Cour de Bordeaux a nié la compétence du tribunal en pareille circonstance. Cet arrêt, « attendu que l'ordonnance pour l'arrestation provisoire d'un étranger n'est point rendue avec l'accomplissement des formalités prescrites pour les jugements, et n'en offre pas les garanties, et qu'elle est, dès-lors, dépourvue des éléments constitutifs d'un jugement en première instance;....... qu'il suit de là qu'une fois l'arrestation provisoire opérée, l'étranger peut réclamer par les voies de justice ordinaires, et en jouissant, comme les Français, du double degré de juridiction contre les effets de la mesure provisoire dont il a été l'objet, et demander en conséquence sa mise en liberté et des dommages-intérêts, » a été cassé, le 2 mai 1837, par la Cour suprême. Cette décision nous paraît juridique.

Des étrangers revêtus d'un caractère diplomatique.

133. — Les règles que nous venons d'exposer ne sont pas applicables à tous les étrangers indistinctement; ceux qui sont revêtus d'un caractère diplomatique jouissent des immunités les plus étendues; ils ne sont justiciables des tribunaux français ni en matière civile, ni en matière criminelle; partant, ils ne peuvent être arrêtés pour dettes.

Pour que les agents diplomatiques puissent remplir

leurs fonctions, il faut qu'ils soient complétement in-
dépendants du gouvernement auprès duquel ils sont
accrédités. L'immunité des agents diplomatiques consiste à les faire considérer comme s'ils résidaient dans
les États de leurs maîtres. Montesquieu explique parfaitement la raison de cette immunité quand il dit (1) :
« Les loix politiques demandent que tout homme soit
soumis aux tribunaux criminels et civils du pays où il
est. Le droit des gens a voulu que les princes s'en-
voyassent des ambassadeurs, et la raison, tirée de la
nature des choses, n'a pas permis que ces ambassadeurs dépendissent du souverain chez qui ils sont envoyés, ni de ses tribunaux. Ils sont la parole du prince
qui les envoye, et cette parole doit être libre ; aucun
obstacle ne doit les empêcher d'agir. Ils peuvent souvent déplaire parce qu'ils parlent pour un homme indépendant. On pourrait leur imputer des crimes s'ils
pouvaient être punis pour des crimes ; on pourrait leur
supposer des dettes s'ils pouvaient être arrêtés pour
dettes.... Il faut donc suivre, à l'égard des ambassadeurs, les raisons tirées du droit des gens et non pas
celles qui dérivent du droit politique. » Aussi, est-ce
un principe universellement admis entre les nations,
que les agents diplomatiques ne sont pas justiciables
des tribunaux du pays où ils sont envoyés. On trouve
bien dans l'histoire quelques circonstances où il a été
fait exception à ce principe. Ainsi, Vattel rapporte (2)
qu'en 1657, le ministre de Brandebourg fut arrêté
pour dettes à Londres ; qu'en 1668, le ministre de

(1) *Esprit des lois*, liv. XXVI, ch. 21.
(2) Liv. IV, § 110.

Portugal le fut aussi à La Haye. Mais ce sont là des cas isolés qui ne peuvent tirer à conséquence et qui n'altèrent en rien le principe précédemment posé. En 1708, sous le règne de la reine Anne, l'ambassadeur de Russie fut arrêté pour dettes à Londres, et obligé de donner caution. Sur les réclamations du corps diplomatique tout entier, un bill fut rendu pour empêcher le renouvellement d'une pareille violation du droit des gens. Il y est dit : « Afin de prévenir de pareilles insolences à l'avenir, qu'il soit déclaré que tous ordres et procès qui prescriraient l'arrestation ou l'emprisonnement d'un ambassadeur ou d'aucun autre ministre public, seront tenus et jugés être entièrement nuls, et seront invalides à toutes fins et égards quelconques (1). »

134. — Chez nous, il n'existe pas de loi qui règle l'immunité des agents diplomatique, mais la coutume du droit des nations est reconnue et observée. Les ministres étrangers ne sont pas contraignables par corps ; le Gouvernement ne peut même pas refuser de délivrer des passeports à un agent diplomatique qui serait débiteur de nos nationaux. Ce refus pourrait en quelque sorte être assimilé à une contrainte par corps ; le ministre étranger ne serait pas, il est vrai, incarcéré dans la maison d'arrêt pour dettes, mais il se trouverait, en fait, prisonnier dans la ville de sa résidence ; ce serait là une contrainte par corps d'une nouvelle espèce, tout aussi dangereuse pour l'indépendance des ministres publics que l'emprisonnement véritable. En 1771, le Gouvernement français refusa des passeports

______

(1) Bill de février 1709.

à un ministre étranger qui se disposait à partir sans avoir payé ses dettes. Le corps diplomatique fit remettre au ministre des affaires étrangères une note ainsi conçue : « Les ambassadeurs, ayant été instruits qu'on avait refusé un passeport à un ministre étranger..... croyant par là le droit des gens blessé en ce que cela gênerait la liberté qui leur est nécessaire pour se retirer lorsque les circonstances peuvent l'exiger, réclament aujourd'hui la justice et l'équité de S. M. T. C. pour mettre en sûreté leurs droits et priviléges (1). » Le Roi reconnut, en principe, les immunités du corps diplomatique, mais dans l'espèce dont il s'agissait, il refusa de faire droit a la réclamation qui lui était présentée à raison des circonstances du fait. Le 3 ventôse an II, la Convention déclara qu'elle respecterait les priviléges des ministres étrangers.

135. — Nous disions tout à l'heure que nous n'avions point sur l'immunité diplomatique de loi écrite ; en effet, ni les reconnaissances antérieures, ni cette déclaration de l'an II n'ont le caractère de lois de l'État ; elles se réfèrent seulement à la coutume.

Lors de la confection du Code Napoléon, on avait proposé de consacrer formellement l'immunité des ministres étrangers en matière civile. Dans le projet de Code se trouvait un article (2) ainsi conçu : « Les étrangers revêtus d'un caractère représentatif de leur nation, en qualité d'ambassadeurs, de ministres, d'envoyés, ou sous telle autre dénomination que ce soit, ne sont point assujétis aux lois civiles de la nation

(1) Merlin, *Répert.*, v° Ministre public, 5, § 4.
(2) Liv. 1er, tit. 1er, art. 9.

chez laquelle ils résident avec ce caractère. Il en est de même de ceux qui composent leur famille et de ceux qui sont de leur suite. » L'article suivant ajoutait : « Ils ne peuvent être traduits, ni en matière civile, ni en matière criminelle, devant les tribunaux de France. » Dans la discussion, cet article fut abandonné, parce que, comme le dit Portalis au Corps Législatif, dans la séance du 23 frimaire an X, en répondant à l'orateur du tribunat qui se plaignait de cet abandon, parce que ce qui regarde les ambassadeurs appartient au droit des gens et ne doit pas être placé dans une loi de régime intérieur. Le droit des gens ne s'écrit pas, il résulte des habitudes des nations; voilà pourquoi nos tribunaux reconnaissent le privilége des agents diplomatiques de n'être point contraints par corps, quoique il ne soit écrit dans aucune loi.

136. — Les consuls des nations étrangères sont-ils recevables à invoquer les immunités que la coutume reconnaît aux ministres étrangers? Spécialement sont-ils contraignables par corps? Cette question s'est présentée plusieurs fois devant nos tribunaux, qui ont presque toujours refusé d'accorder aux consuls les priviléges des agents diplomatiques. La jurisprudence ne fait même aucune distinction entre les dettes purement civiles et les dettes commerciales; dans l'un et dans l'autre cas, elle leur applique les dispositions des lois de 1807 et de 1832, relatives aux étrangers. Nous citerons notamment un arrêt de la Cour d'Aix (1), où les motifs de cette jurisprudence sont sainement et clairement déduits :

(1) Du 11 août 1826.

« Attendu qu'il ne serait pas exact de dire que les consuls étrangers dans nos villes maritimes participent aux prérogatives d'immunité dont jouissent, pour eux et les personnes de leur suite, les ambassadeurs, les ministres et envoyés des puissances étrangères; que ces divers délégués sont considérés comme représentant en France leur gouvernement, et sont les agents directs du souverain qui leur a confié ses pouvoirs; que l'on ne saurait donner ce caractère au consul, qui n'est que le protecteur, le régulateur des opérations ou des difficultés commerciales de ses nationaux, l'homme, enfin, de la loi du pays dont il est le mandataire plutôt que celui de son souverain, et qu'il est dès lors compris dans la règle générale tracée dans l'article 3 du Code civil, etc. »

Il y a aussi deux arrêts de la Cour de Paris qui, par les mêmes motifs, déclarent les consuls étrangers contraignables par corps; l'un est du 28 avril 1841, et l'autre du 25 août 1842.

Une convention passée cette année, le 4 février 1852, entre la France et la Sardaigne, est venue modifier un peu ces principes; elle dit : « Les agents consulaires jouiront de l'immunité personnelle, excepté pour les faits et actes que la législation pénale des deux pays qualifie de crime et punit comme tel; et s'ils sont négociants, la contrainte par corps ne pourra leur être appliquée que pour les seuls faits de commerce et non pour les causes civiles. » En commentant cette convention franco-sarde, M. Villefort fait a remarquer (1) que dans les relations des

____

(1) *Gazette des Tribunaux* du 11 mars 1852.

deux pays, la question de la contrainte par corps se
trouve tranchée, pour les actes civils; car il est évident que, si on ne peut pas l'appliquer à un consul
négociant pour ces sortes d'actes, à plus forte raison
on ne pourra pas l'appliquer dans le même cas à un
consul non négociant.

Pour les consuls de toutes les autres nations, les
anciens principes continuent à subsister, et il faut décider qu'ils peuvent être contraints par corps aussi
bien pour leurs dettes civiles que pour leurs dettes
commerciales.

CHAPITRE X.

De l'exécution de la Contrainte par corps.

SOMMAIRE.

137. — On peut toujours appeler du chef de la contrainte par corps, même si le jugement est en dernier ressort.

138. — De l'appel après l'acquiescement.

139. — De la signification du jugement et du commandement.

140. — Officiers chargés de l'arrestation.

141. — Temps où la contrainte par corps ne peut être exécutée.

142. — Lieux où l'arrestation ne peut être opérée.

143. — Des sauf-conduits.

144. — De l'arrestation. — De la résistance du débiteur.

145. — Du référé.

146. — De l'écrou.

147 — Le créancier est obligé de consigner des aliments à l'avance.

148. — Des recommandations.

137. — Nous avons vu plus haut que la contrainte par corps ne pouvait être prononcée que par un jugement, et nous avons indiqué les exceptions que comporte ce principe. Les parties condamnées ne peuvent ordinairement interjeter appel que des jugements rendus en premier ressort; en matière de contrainte par corps, l'article 20 de la loi du 17 avril 1832 leur permet d'interjeter appel de la disposition relative à la contrainte, même si le jugement est en dernier ressort, c'est-à-dire, si la condamnation pécuniaire prononcée par le tribunal n'excède pas le taux au-delà duquel il peut juger en dernier ressort. Cet article 20 a été dicté par une pensée d'humanité; on a considéré la liberté d'un citoyen comme un bien trop précieux pour en faire l'accessoire d'une dette pécuniaire. Aujourd'hui donc toute disposition d'un jugement qui ordonne l'emprisonnement d'un débiteur est considéré comme principale; on peut en appeler; mais l'appel n'est pas suspensif.

M. Troplong (1) fait remarquer que l'article 20 de la loi de 1832 ayant été introduit en faveur du débiteur, on ne saurait le rétorquer contre lui. Nous pensons, en effet, que le créancier en faveur duquel on aurait refusé de prononcer la contrainte par corps ne serait pas recevable, si le jugement est en dernier ressort, relativement à la condamnation pécuniaire, à interjeter appel du chef du jugement qui rejette ses conclusions tendantes à la contrainte par corps.

138. — La loi de 1848 contient aussi sur l'appel une disposition toute dans l'intérêt du débiteur. Son

(1) N° 546.

article 7 dit que le débiteur contre lequel la contrainte par corps a été prononcée par jugement des tribunaux civils ou de commerce, conserve le droit d'interjeter appel du chef de la contrainte dans les trois jours qui suivent l'emprisonnement ou la recommandation, lors même qu'il a acquiescé au jugement et que les délais ordinaires sont expirés. Avant la loi du 13 décembre 1848, on débattait la question de savoir si un acquiescement donné par la partie condamnée à un jugement prononçant illégalement la contrainte par corps, devait être considéré comme valable. La jurisprudence s'appuyant sur le motif qu'on ne peut pactiser sur la contrainte par corps, annulait l'acquiescement en ce qui concernait ce mode d'exécution. Voici comment s'y prenaient les créanciers pour éluder les conséquences de la jurisprudence : ils signifiaient le jugement avec commandement et menaçaient de le faire exécuter; ils ne consentaient à accorder de délai au débiteur que s'il signait un acquiescement. Puis, l'acquiescement obtenu, ils laissaient passer le temps de l'appel sans aucune poursuite. Le débiteur, voyant qu'on n'exécutait pas la contrainte par corps dont on l'avait menacé, s'endormait dans une fausse sécurité; mais, le temps de l'appel passé, les créanciers faisaient exécuter le jugement, sans craindre que la jurisprudence annulât l'acquiescement, puisque l'appel n'était plus recevable. C'est pour déjouer tous ces calculs et ces manœuvres que l'article 7 de la loi de 1848 a permis au débiteur d'interjeter appel, même après l'expiration du délai ordinaire.

Le débiteur qui use du bénéfice de cet article 7 doit rester en l'état ; c'est déjà bien assez qu'on lui procure la facilité de faire prononcer son élargissement par la justice. Si l'acte d'appel devait faire ouvrir les portes de la prison, il n'y aurait pas un débiteur qui n'usât de ce moyen pour obtenir sa mise en liberté, espérant du reste se soustraire aux poursuites ultérieures. Si le débiteur est en liberté et si les délais ordinaires de l'appel sont expirés, l'appel par lui interjeté n'est pas suspensif; c'est ce qui a été jugé par arrêt de la Cour d'appel de Paris, en date du 25 janvier 1849, et c'est ce qui devait l'être, puisque l'article 20 de la loi de 1832 décide que l'appel interjeté hors les cas ordinaires n'est pas suspensif.

Si le jugement prononçant la contrainte par corps n'a pas été frappé d'appel, ou s'il a été confirmé sur l'appel, il s'agit de l'exécuter.

139. Le Code de procédure et la loi de 1832 ont réglé la manière dont la contrainte par corps doit être exécutée.

Tout jugement ne peut être exécuté que s'il a été signifié; en effet, *paria sunt non esse et non signifi-cari*. Le jugement, prononçant la contrainte par corps, doit donc être signifié au débiteur condamné, et en même temps on doit lui faire commandement de payer les causes de la condamnation. Ce n'est qu'un jour après la signification et le commandement que la contrainte peut être exécutée. On a voulu laisser quelque temps au débiteur pour trouver l'argent qui peut lui éviter l'emprisonnement. La loi de germinal, an VI (1), prescrivait un intervalle d'une décade entre le com-

---

(1) Titre III, art. 4.

mandement et l'exécution. Ce délai était certainement
exagéré, et il rendait l'exécution de la contrainte par
corps très-difficile. L'article 780 du Code de procédure a très bien fait de le réduire à un jour franc;
car le débiteur, qui, sous le coup de la contrainte,
n'a pas trouvé en un jour franc les sommes nécessaires,
pour désintéresser son créancier, ne les trouvera pas
plus aisément en dix jours. S'il s'est écoulé une année
entière depuis le commandement, il doit en être fait
un nouveau, sans quoi on ne pourrait pas passer outre
à l'arrestation. Le débiteur a dû penser que le créancier renonçait à le faire emprisonner, et dans cette
croyance il s'est peut-être dessaisi des fonds qu'il avait
réunis pour le payer; il faut qu'il soit averti de nouveau du danger qui le menace. Le commandement de
payer les causes de la condamnation est un préalable
indispensable de l'exécution de la contrainte par corps;
il doit être fait au nom de la personne même qui requiert l'emprisonnement. Par exemple, un commandement a été fait à un débiteur par son créancier; ce
créancier ne fait pas procéder à l'arrestation, il pré-
fère agir contre la caution qui paye et se trouve ainsi
subrogée aux droits du créancier. La caution peut reprendre immédiatement les poursuites contre le débiteur, mais il faut qu'elle fasse un commandement; celui
qui a été fait par le créancier ne peut lui servir. C'est
ce qui vient d'être jugé le 24 septembre 1852 par la
chambre des vacations du tribunal de la Seine contre
l'endosseur d'un billet, qui avait fait emprisonner le
souscripteur sans avoir fait un commandement en son
nom, parce qu'il soutenait que celui qui avait été fait
précédemment au nom du porteur suffisait pour satis-

faire aux prescriptions de la loi. Le tribunal a prononcé la nullité de l'arrestation (1).

La signification doit être faite par un huissier commis. Dans l'ancien droit, on ne pouvait jamais entrer chez le débiteur pour l'arrêter; lorsqu'on lui faisait la signification, prescrite par l'article 10 de l'ordonnance de 1667, on l'avertissait par là même de ne plus sortir de chez lui. En ne sortant pas, il rendait l'exécution de la contrainte par corps impossible. Les huissiers alors s'arrangeaient de façon que le débiteur ne connût pas la signification qui lui était faite. Un pareil abus ne peut plus se renouveler, puisque c'est un huissier commis par le tribunal et non pas l'huissier du créancier qui est chargé de la signification.

Le débiteur peut avoir quelque moyen de droit à opposer au jugement qu'on lui signifie; pour lui faciliter le moyen de les faire valoir au plus vite et d'éviter ainsi l'emprisonnement, l'art. 780 veut que le créancier fasse élection de domicile dans le lieu où siége le tribunal qui a rendu le jugement.

Lorsqu'un jour franc s'est écoulé depuis la signification et le commandement, le débiteur peut être arrêté en vertu du jugement de condamnation.

140. — L'arrestation ne peut être opérée que par des officiers publics; ce sont les huissiers et les gardes du commerce qui sont chargés de l'exécution des contraintes par corps. La loi de germinal avait autorisé les anciens gardes du commerce à exécuter les contraintes par corps en se faisant enregistrer au greffe du

____

(1) Aff. Giuria contre Hermann, *Gazette des Tribunaux* du 26 septembre 1852.

tribunal de commerce de la Seine. L'article 625 du Code de commerce avait promis une nouvelle organisation des gardes du commerce pour la ville de Paris; en conformité de cet article 625, un décret créant dix gardes du commerce à Paris, et fixant leurs attributions, fut rendu le 14 mars 1808. A Paris, les gardes du commerce sont, par ce décret, chargés exclusivement de l'exécution des contraintes par corps prononcées par le tribunal de commerce; ils ne peuvent en aucun cas être suppléés par les huissiers, recors et autres personnes quelconques (1). Quant aux contraintes prononcées par le tribunal civil, elles continuent à être exécutées par les huissiers assistés de deux recors, article 783, Code de procédure. Dans les villes où il n'a pas été institué de gardes du commerce, ce sont les huissiers qui exécutent indistinctement toutes les contraintes par corps.

141. — Le débiteur ne peut être arrêté ni avant le lever ni après le coucher du soleil (art. 781, Code de procédure) : *Solis occasus suprema tempestas esto*, disait le droit romain. La loi de germinal défendait aussi l'arrestation avant le lever et après le coucher du soleil, et il a été jugé, lorsqu'elle était en vigueur, que l'arrestation faite une seule minute après le coucher du soleil était nulle (1). Aujourd'hui il faudrait décider de même, car le Code de procédure reproduit identiquement la disposition de la loi de germinal.

L'article 781 du Code de procédure dit encore qu'on ne peut procéder à une arrestation les jours de fête lé-

---

(1) Art. 7, décret 7 mars 1808.
(2) Arrêt de Colmar, 16 thermidor an XIII.

gale. La loi de germinal disait, en outre, les jours de décadis; le Code de procédure n'a pas cru nécessaire de parler spécialement des dimanches, parce que depuis le concordat et la loi du 18 germinal an X, ils sont classés parmi les jours de fête légale. Sont aussi jours de fête légale les jours de Noël, de l'Ascension, de l'Assomption et de la Toussaint, le 1er janvier (1) et le jour de la fête de l'Empereur. De nouvelles fêtes peuvent encore être introduites, mais pour qu'elles aient le caractère des fêtes légales et qu'elles fassent obstacle à l'exercice de la contrainte par corps, il faut que la célébration en ait été ordonnée par des décrets impériaux. C'est ce qui a été entendu dans la séance du conseil d'État, tenue le 12 prairial an XIII.

142. — La contrainte par corps ne peut donc pas être mise à exécution en tout temps; elle ne peut pas non plus l'être en tous lieux. L'article 781 du Code de procédure défend de procéder à l'arrestation d'un débiteur condamné par corps, dans les édifices consacrés *au culte*, et pendant les exercices religieux seulement. La loi de germinal avait mis l'expression *aux cultes* au pluriel, le Code de procédure l'emploie au singulier. Comme le Code de procédure n'a pas été modifié à cet égard, faut-il décider qu'il n'y a que les édifices consacrés au culte catholique où les arrestations ne puissent être opérées? Nous ne le croyons pas; il nous semble que la disposition de l'article 781 doit s'étendre à tous les cultes reconnus et salariés par l'État; et même nous pensons que, bien que le culte musulman ne soit pas salarié par l'État, on ne pourrait, en Algérie, arrêter

(1) Avis du Conseil-d'Etat, 20 mars 1810.

un débiteur dans une mosquée, pendant les exercices religieux.

L'arrestation ne peut pas non plus être opérée dans le lieu et pendant les séances des autorités constituées, par exemple, pendant les séances du Sénat, du conseil d'État, du Corps législatif et pendant les audiences des tribunaux, pendant les réunions des colléges électoraux, etc. La loi de germinal (1) ne permettait pas d'arrêter les électeurs pendant les trois jours qui précédaient et les trois jours qui suivaient la tenue des assemblées primaires. Rien ne légitimait cette immunité prolongée; aussi le Code de procédure ne l'a-t-il pas maintenue. Le projet de Code contenait une disposition qui défendait d'exécuter la contrainte par corps dans le lieu et pendant la tenue des bourses de négociants; mais elle fut retranchée sur la demande du Tribunat, qui fit, à cet égard, les observations suivantes : « Les auteurs du projet ont été mus sans doute par le désir d'empêcher que les opérations des négociants ne fussent troublées; mais la section a pensé que le premier objet du législateur devait être de pourvoir à ce que les bourses ne fussent pas un asyle pour les débiteurs qui violent la foi de leurs engagements... Il ne serait pas tolérable qu'un banqueroutier pût être autorisé à se trouver en toute sécurité en présence du négociant qu'il a trompé et dans le lieu même où il l'a trompé. »

Autrefois on ne pouvait jamais pénétrer dans les maisons des particuliers, pour y mettre à exécution

(1) Titre III, art. 1.

une contrainte par corps. La loi de germinal (1) se départit de ces principes et permit de mettre à exécution la contrainte par corps, même à domicile; mais elle exigea qu'on se conformât à l'article 359 de la Constitution de l'an III, qui réglait les formalités à observer pour exécuter dans les maisons des particuliers les ordres des autorités constituées. L'article 781 du Code de procédure, dans sa disposition finale, dit que le débiteur ne peut être arrêté dans une maison quelconque, même dans son domicile, à moins qu'il n'ait été ainsi ordonné par le juge de paix du lieu, lequel juge de paix devra, dans ce cas, se transporter dans la maison avec l'officier ministériel chargé d'exécuter la contrainte par corps. L'article 15 du décret du 14 mars 1808 a modifié cette disposition; il dit : « Le garde du commerce n'aura pas besoin de l'autorisation et assistance du juge de paix pour arrêter le débiteur dans son propre domicile, *si l'entrée ne lui en est pas refusée.* » Le refus de l'entrée oblige le garde du commerce à se conformer à l'article 781. Remarquons que l'article 15 du décret de 1808 ne concerne que les gardes du commerce et qu'il ne dispense pas les huissiers de requérir le juge de paix, même si le débiteur ne refuse pas l'entrée de chez lui; de plus, si le débiteur se trouve dans une maison tierce, le garde du commerce ne peut invoquer l'article 15 précité pour procéder seul à l'arrestation, quand bien même on consentirait à le recevoir.

Mais que doit-on entendre par *maison quelconque ?* Ces expressions s'appliquent-elles aux hôtels, auberges,

(1) Titre III, art. 5.

cafés, boutiques de restaurateur et autres lieux où le public est toujours admis? La question s'est présentée le 23 juin 1827 devant le tribunal de la Seine. On lit dans la *Gazette des Tribunaux* du 25 (1) :

« Hier une question assez curieuse s'est présentée sur l'exercice de la contrainte par corps à la première chambre du tribunal. Il s'agissait de savoir si un contraignable par corps peut être arrêté dans la boutique d'un restaurateur sans l'assistance du juge de paix.

« M⁺ Delangle, avocat du créancier, a soutenu la régularité de l'arrestation. Suivant lui, la boutique d'un restaurateur est un lieu public, et elle n'est pas un de ces lieux publics dans lesquels le législateur défend d'exercer la contrainte par corps. La boutique d'un restaurateur ne peut pas non plus être considérée comme une *maison quelconque*, lieu dans lequel l'article 781 du Code de procédure défend d'arrêter un débiteur sans l'assistance d'un juge de paix. En effet, le motif de cette disposition a été d'empêcher les perquisitions vexatoires qui, sous prétexte de poursuivre un contraignable par corps, pourraient être faites chez des tiers; et ce motif ne peut recevoir d'application lorsqu'il s'agit de la boutique d'un restaurateur, où chacun a le droit d'aller et de venir à son gré.

« Le Tribunal, sur la plaidoirie de M⁰ Duverne pour M. le comte de V..., et les conclusions conformes de M. Miller, avocat du roi, attendu que l'article 781 du Code de procédure civile, n° 5, défend d'arrêter le débiteur dans une maison quelconque sans l'assistance du juge-de-paix; que la boutique d'un

____

(1) Chronique.

restaurateur est comprise dans ces termes généraux, et qu'en fait, le comte de V... a été arrêté sans les formalités prescrites par le n° 5 dudit article dans la boutique d'un restaurateur où il était à dîner, ordonne l'élargissement du comte de V... »

Nous ne saurions approuver ce jugement; les raisons données pour le créancier nous paraissent décisives. Le Tribunal a montré, ce nous semble, un respect exagéré pour la lettre de la loi, et nous craignons que ce respect pour la lettre de la loi ne lui en ait fait méconnaître l'esprit.

143. Nous venons de voir à quels moments et dans quels lieux la contrainte par corps ne peut être mise à exécution. La loi défend encore d'arrêter le débiteur, lorsqu'il est appelé en témoignage, s'il est porteur d'un sauf-conduit. Le projet du Code de procédure avait supprimé l'usage des sauf-conduits, qui avait été maintenu par la loi de germinal an VI(1). Il est vrai qu'il en avait été fait abus, et qu'on avait vu vendre des sauf-conduits à prix d'argent. C'était une raison pour prendre des mesures qui prévinssent les abus, ce n'était pas une raison pour effacer une disposition qui permet à la justice de recueillir les témoignages de personnes qui refuseraient de venir déposer, si on ne leur offrait toute sûreté contre l'exécution de la contrainte par corps à laquelle elles cherchent à se soustraire. Le Tribunat demanda que l'usage des sauf-conduits fut maintenu, et, pour parer à tous inconvénients, il proposa de désigner les autorités qui pourraient en délivrer. C'est la rédaction présentée par le

____

(1) Titre III, art. 8.

Tribunat qui est devenue l'article 782 du Code de procédure.

Les sauf-conduits ne peuvent être délivrés que par le juge d'instruction, par le président du tribunal ou de la Cour où les témoins doivent être entendus. Le procureur impérial doit toujours donner des conclusions. Il ne peut être donné de sauf-conduits par les juges de paix ou par les présidents des tribunaux de commerce. Nous lisons, en effet, dans une circulaire du Grand-juge, en date du 8 septembre 1807 :

« Il en (des termes de l'article 782) résulte assez clairement que les tribunaux de commerce et les juges de paix sont privés de la faculté de délivrer ces sauf-conduit, d'abord parce qu'ils ne sont rappelés ni directement ni indirectement dans l'article du Code; en second lieu, parce, n'ayant point auprès d'eux de ministère public, ils se trouvent dans l'impossibilité de remplir la formalité des conclusions qui sont aujourd'hui indispensables. » Cependant, il peut être nécessaire de faire entendre, soit devant un tribunal de commerce, soit devant un juge de paix, des témoins en état de contrainte par corps. Le Conseil d'État, consulté sur le moyen qu'on devait employer pour les munir d'un sauf-conduit, répondit, dans un avis approuvé par l'Empereur, le 30 mai 1807, et dont la circulaire précitée rapporte les termes mêmes, que la partie qui voulait produire, soit devant un tribunal de commerce, soit devant un juge de paix, des témoins en état de contrainte par corps, devait s'adresser au président du tribunal civil, qui, sur la représentation du jugement d'enquête et les conclusions du ministère public, peut délivrer, s'il y a lieu, les sauf-conduits nécessaires.

Le sauf-conduit doit, à peine de nullité, régler la durée de son effet ; il protége celui à qui il est délivré le jour de sa comparution et pendant le temps nécessaire pour aller et pour revenir.

144. — Si rien ne s'oppose à l'arrestation du débiteur, l'huissier, assisté de ses deux recors ou le garde du commerce, se saisit de sa personne. A ce moment, il doit lui faire itératif commandement de payer sa dette; car si le débiteur payait, il ne serait pas nécessaire de passer outre. Sur le refus de payer, l'officier ministériel ouvre un procès-verbal d'emprisonnement où il doit relater toutes les phases de l'arrestation et de l'emprisonnement. Ce procès-verbal doit contenir élection de domicile dans la commune, où le débiteur sera détenu, si le créancier n'y demeure pas au moment de son arrestation. Le débiteur a trois partis à prendre ; il peut ou résister ou contester le droit en vertu duquel on l'arrête, ou se laisser emmener.

De ces trois partis, le plus dangereux de beaucoup est le premier. La loi a prévu le cas où l'officier ministériel rencontrerait de la résistance. L'article 785 autorise, en cas de rébellion, l'huissier ou le garde du commerce à établir garnison aux portes de la maison où se trouve le débiteur, afin d'empêcher son évasion et à requérir l'assistance de la force armée. L'article ajoute : qu'en cas de rébellion, le débiteur sera poursuivi conformément aux dispositions du Code d'instruction criminelle. Les dispositions de ce Code, auxquelles renvoyait le Code de procédure, ont été abrogées lors de la révision de 1832 ; c'était l'article 554 qui attribuait aux Cours spéciales la connaissance du crime de rébellion armée contre la force armée. Si le débiteur résistait sans armes, il était justiciable des tribunaux ordinaires. Aujourd'hui, nous n'avons plus à faire ces distinctions de compétence, c'est le tribunal correctionnel qui est toujours compétent ; la peine seulement varie suivant la nature de la rébellion. Si elle a lieu avec armes, elle est punie d'un emprisonnement de six mois à deux ans; si elle a lieu sans armes, d'un emprisonnement de six jours à six mois, article 212 du Code pénal. C'est sans doute par inadvertance que M. Troplong dit (1) que le débiteur peut, en cas de rébellion, être poursuivi conformément aux articles 210 et 211 du Code pénal. L'article 210 statue pour le cas où la rébellion est commise par plus de vingt personnes armées, et l'article 211 pour celui où elle est commise par plus de deux personnes et moins de vingt. C'est l'article 212 qui punit la rébellion commise par une seule personne.

145. — Si le débiteur croit son arrestation mal fondée, il peut contester le droit en vertu duquel procède l'officier ministériel, et demander qu'il en soit référé. Alors on doit le conduire immédiatement devant le président du tribunal civil du lieu où l'arrestation a été faite, à l'audience, si elle est ouverte au moment de l'arrestation, en l'hôtel du président, si l'on se trouve hors des heures de l'audience. L'huissier ou garde du commerce qui refuse de conduire le débiteur en référé est passible d'une amende de 1,000 fr.; de plus, il peut être accordé des dommages-intérêts au débiteur (2).

(1) N° 26.
(2) Art. 22, loi de 1832.

Le refus de l'officier ministériel pourra être prouvé par tous les moyens possibles; car, obliger le débiteur à le faire constater dans le procès-verbal d'emprisonnement, c'eût été le mettre à la merci de l'huissier ou du garde du commerce. Le président statue en état de référé, et rend une ordonnance que l'officier ministé-. riel doit consigner sur son procès-verbal d'emprisonnement.

146. — Enfin, si le débiteur n'oppose ni une résistance de fait ni une résistance de droit, ou bien si les griefs qu'il fait valoir en référé n'ont pas paru au président de nature à le faire mettre en liberté, l'officier ministériel doit le conduire dans la maison de détention pour dettes. S'il le conduisait dans tout autre lieu, il serait passible de la dégradation civique; car l'article 122 du Code pénal prononce cette peine contre tout officier public qui détient un individu hors des lieux désignés par l'administration. Dans les localités où il n'y a pas de maison spécialement affectée aux détenus pour dettes, on place le débiteur dans la prison, en ayant soin, toutefois, de ne pas le confondre avec les criminels. Nous avons vu plus haut que Beaumanoir ne voulait pas qu'on confondît ceux qui sont tenus *por dete en prison* avec ceux qui sont tenus *por vilain cas* (1).

Le geôlier de la prison où l'on place le débiteur dresse un acte d'écrou, qui contient le jugement prononçant la contrainte par corps, les noms et domicile du créancier, élection de domicile dans le lieu où se trouve la prison, les noms, demeure et profession

____

(1) *Suprà*, n° 12.

du débiteur, consignation d'un mois d'aliments, au moins, mention que copie en est donnée au débiteur. L'huissier ou le garde du commerce clot alors son procès-verbal, et il en laisse également copie au débiteur (art. 789). La loi exige que le jugement de condamnation soit transcrit sur le registre d'écrou; il faut qu'il soit représenté au geôlier, qui se rendrait coupable de détention arbitraire s'il laissait écrouer dans sa prison un individu qui n'aurait pas été condamné par corps.

147. — Nous venons de dire que l'acte d'écrou doit contenir mention de la consignation des aliments; c'est que l'article 791 du Code de procédure oblige le créancier qui veut exercer la contrainte par corps à consigner d'avance les aliments pour le débiteur. L'emprisonnement pour dettes a lieu dans l'intérêt particulier du créancier, c'est donc lui qui doit nourrir son prisonnier et non pas le Trésor; car il ne s'agit en aucune façon de l'intérêt public. La loi devait obliger le créancier à pourvoir aux besoins de son débiteur; rien de plus juste, puisqu'en le faisant incarcérer il l'empêche de gagner sa subsistance par le travail. La loi de 1832, article 28, dit, comme le Code de procédure, que la consignation doit avoir lieu d'avance. Il n'est pas nécessaire que les aliments soient consignés un jour entier à l'avance, il suffit que la consignation soit faite avant toute distribution d'aliments aux prisonniers. Ainsi jugé par la Cour d'appel de Rouen le 10 vendémiaire an XIV.

Les aliments doivent être consignés au moins pour trente jours. Le créancier peut consigner immédiatement pour plusieurs périodes de trente jours; mais il ne peut consigner pour une fraction de période. Ainsi, s'il consignait pour quarante-cinq jours, la consignation ne vaudrait que pour trente. A l'expiration de la période de trente jours, on considérerait qu'il n'y a plus d'aliments consignés.

La somme à consigner était, sous la loi de l'an VI et sous le Code de procédure, qui ne l'avait pas modifiée sur ce point, de 20 livres par chaque période de trente jours. L'article 29 de la loi du 17 avril 1832 a dorénavant fixé cette somme à 30 fr. pour Paris et 24 fr. pour les autres villes.

Si la contrainte par corps est exercée au profit de l'État, il n'y a pas de consignation d'aliments à faire, puisque l'État pourvoit par des fonds généraux aux dépenses des prisons et à la subsistance des prisonniers. Un décret du 4 mars 1808 dispose que les débiteurs de l'État recevront la même nourriture que les prisonniers détenus à la requête du ministère public, et que la dépense de leur nourriture sera comprise sur les fonds affectés au service des prisons. On a pensé que ce décret se trouvait abrogé par l'article 28 de la loi de 1832 (1). Cet article est rédigé d'une façon générale, c'est vrai, mais il n'exclut pas les exemptions. Bien mieux, l'article 46 de la même loi prend soin de dire que toutes les dispositions législatives qui règlent le mode des poursuites contre les débiteurs de l'État continuent à être en vigueur. Cet article 46 dit bien qu'il abroge les lois antérieures qui établissaient des cas de contrainte qui ne sont pas rappelés dans la loi de 1832 ; mais celles qui règlent l'exécution de la con-

____

(1) M. Fœlix, sur l'art. 28.

trainte au profit de l'État, il les laisse subsister. Le décret du 4 mars 1808 dispense donc encore aujourd'hui l'État de toute consignation d'aliments.

Le défaut de consignation est une cause de nullité de l'emprisonnement; il autorise le débiteur à demander et obtenir son élargissement immédiat. Nous allons en parler bientôt quand nous nous occuperons des causes qui font cesser la contrainte par corps. Mais auparavant il faut que nous examinions le droit que les créanciers qui n'ont pas requis l'emprisonnement ont de le prolonger au moyen des recommandations.

148. — Tout créancier porteur d'un jugement prononçant à son profit la contrainte par corps, peut, si son débiteur est déjà incarcéré, soit pour dette, soit pour délit, s'opposer à sa mise en liberté en le recommandant au geôlier de la maison où il est détenu. La recommandation se fait en observant toutes les formalités de l'arrestation, de l'emprisonnement et de l'écrou; seulement, s'il y a des aliments consignés par un autre créancier, le recommandant n'est pas obligé d'en consigner. Tout ce que peut le premier créancier, c'est de se pourvoir devant le tribunal pour faire ordonner que le recommandant contribuera aux aliments par portion égale (art. 792 et 793). Mais le créancier qui a fait emprisonner ne peut, lorsqu'il y a recommandation retirer les aliments qu'il a consignés, sans quoi la validité de la recommandation eût dépendu de son caprice.

Nous venons de voir comment les débiteurs sont incarcérés, et comment leur mise en liberté peut être retardée. Il nous reste à nous occuper des causes qui font cesser l'emprisonnement du débiteur; mais préalablement il faut que nous indiquions dans quels cas, contre quelles personnes, la contrainte a lieu en matière criminelle, et comment elle s'exécute contre les accusés reconnus coupables.

CHAPITRE XI.

De la Contrainte par corps en matière criminelle.

SOMMAIRE.

149. — Législation au Code pénal de 1810.
150. — Article 52 du Code pénal. — Article 126 du Code de procédure.
151. — Personnes exceptées de la contrainte par corps en matière criminelle. — Mineurs. — Septuagénaires. — Femmes.
152. — Des personnes civilement responsables.
153. — La contrainte par corps en matière criminelle a lieu de plein droit.
154. — Mode d'exécution.

---

149. — Dans notre ancien droit, la contrainte par corps avait lieu en matière criminelle contre les condamnés. L'ordonnance de 1667, qui ne s'occupait que de la procédure civile, avait laissé subsister l'art. 48 de l'ordonnance de Moulins, au criminel. La contrainte

était exercée pour obliger le condamné à payer au Roi
l'amende prononcée, et aux parties civiles les dommages-intérêts adjugés. Elle n'avait pas lieu pour
le recouvrement des dépens, par l'excellente raison que
dans l'ancienne procédure criminelle, on ne condam-
nait pas aux dépens; l'amende en tenait lieu. La loi du
19 juillet 1791 maintint l'exercice de la contrainte par
corps contre les condamnés; elle dit, art. 41, titre 2 :
« Les dommages-intérêts, ainsi que la restitution et
les amendes qui seront prononcées en matière de police correctionnelle, emporteront la contrainte par
corps. »

Nous avons vu que la Convention abolit l'emprisonnement pour dettes le 9 mars 1793, et que le 30 mars
de la même année, elle le rétablit contre les débiteurs
directs du Trésor public. Les condamnés, débiteurs
d'une amende envers l'État, purent donc être poursuivis par corps en vertu de ce décret.

Lorsque la loi du 18 germinal an VII eut établi que
tout jugement rendu en matière criminelle prononcerait, en même temps que la condamnation, le remboursement des frais du procès au profit du Trésor public,
on se demanda si ce remboursement pouvait être poursuivi par corps, aussi bien que le payement des amendes. Les tribunaux criminels, dans le silence de la loi,
se décidèrent pour la liberté et refusèrent de prononcer la contrainte par corps pour le recouvrement des
frais de justice criminelle. La Cour de cassation adopta
l'opinion contraire. Dans une affaire, elle cassa deux
fois les jugements des tribunaux criminels, et comme
le troisième auquel l'affaire fut renvoyée, jugea comme
les deux premiers, elle se pourvut en interprétation de

la loi auprès de l'Empereur qui, le 20 septembre 1809, rendit, sur l'avis du Conseil d'État, un décret interprétatif où il déclarait qu'il y avait lieu à la contrainte par corps pour le payement des frais de justice criminelle.

150. — Ce décret n'eut pas une longue existence législative, car il fut suivi de la promulgation du Code pénal, qui s'expliqua clairement sur la question. L'article 52 de ce Code dit que l'exécution des condamnations à l'amende, aux restitutions, aux dommages-intérêts et aux frais, peut être poursuivie par la voie de la contrainte par corps. Cet article paraît dire que dans tous les cas la contrainte est impérative; cependant, il ne faudrait pas l'appliquer, sans distinguer, à toutes les condamnations prononcées par les tribunaux criminels. Certes, la contrainte par corps sera impérative contre l'accusé ou le prévenu reconnu coupable et condamné comme tel ; mais elle ne sera que facultative contre l'accusé déclaré non coupable par le jury et condamné cependant par la Cour, soit à une restitution, soit à des dommages et intérêts, ou bien contre la partie civile condamnée à des dommages et intérêts envers l'accusé acquitté. Elle est facultative, parce qu'elle n'a plus lieu en vertu de l'art. 52 du Code pénal, mais en vertu de l'art. 126 du Code de procédure (1). En effet, le tribunal criminel prononce, dans les cas que nous venons de rappeler, sur des questions qui sont du ressort des tribunaux civils. Au contraire, lorsqu'il prononce une condamnation à une peine, il prononce en vertu d'une compétence qui lui est exclu-

____

(1) Arrêt de Douai, 29 juillet 1839.

sive et il applique l'art. 52 qui règle les suites des condamnations pénales. Il résulte de là que s'il y a une
partie civile dans le procès, elle a intérêt à saisir le
tribunal criminel plutôt que le tribunal civil. En effet, si le tribunal civil est saisi, il peut se faire qu'il
ne prononce pas la contrainte par corps pour les dommages et intérêts adjugés comme réparation du délit,
car sa règle à lui est toujours dans l'art. 126 du Code
de procédure. Au contraire, si les dommages et intérêts sont adjugés par le tribunal criminel contre un
condamné, la partie civile est sûre de pouvoir toujours
en poursuivre le payement par la voie de l'emprisonnement. De plus, si la partie civile saisit le tribunal
civil, elle ne pourra jamais contraindre le condamné
pour les frais du procès, tandis que si la condamnation est prononcée par le tribunal criminel, la contrainte par corps pourra avoir lieu pour le recouvrement de ces frais.

Nous venons de dire tout-à-l'heure que si la partie
civile était condamnée aux dommages et intérêts de
l'accusé acquitté, c'était l'art. 126 du Code de procédure
qui était applicable et non pas l'art. 52 du Code pénal. Il
faut, sur ce point, faire une distinction proposée par
Merlin (1). Cet auteur pense que si la partie civile est
condamnée pour dénonciation calomnieuse, la contrainte par corps sera impérative, car alors les dommages-intérêts seront l'accessoire d'une peine. Cette
distinction est juridique.

151. — Toutes personnes sont-elles contraignables
par corps en matière criminelle? Autrefois il n'y avait

____

(1) Répert., V° Réparation civile, § 2

aucune exception, mais les lois nouvelles en ont introduit quelques-unes.

Ainsi la contrainte par corps en matière criminelle ne peut être exercée, dans l'intérêt de l'État ou des particuliers, contre des individus âgés de moins de seize ans accomplis à l'époque du fait qui a motivé la poursuite, que si elle a été formellement prononcée par le jugement de condamnation, art. 9, § ult., loi de 1848.

Quant aux septuagénaires, l'art. 40 de la loi de 1832 réduisait de moitié la durée de la contrainte, si la condamnation était supérieure à 300 francs. Lorsque le débiteur était septuagénaire, au moment de la condamnation, le minimum était pour lui de six mois au lieu d'un an, et le maximum de cinq ans au lieu de dix. S'il devenait septuagénaire pendant sa détention, la contrainte par corps était de plein droit réduite de moitié pour le temps qui restait à courir. Mais pour les condamnations inférieures à 300 francs, la loi n'avait rien dit, de sorte que les septuagénaires restaient dans le droit commun, et qu'un septuagénaire débiteur de moins de 300 francs pouvait être détenu plus longtemps que si la dette eût dépassé cette somme. La loi de 1848 a étendu le bénéfice des septuagénaires à toutes les dettes sans distinction. Elle a de plus établi que la contrainte par corps ne pourrait plus être prononcée contre les septuagénaires que dans la limite de trois mois à trois ans, et elle a maintenu la disposition qui réduisait de moitié la durée de la contrainte contre le débiteur qui atteignait en prison sa soixante-dixième année, article 9, loi de 1848.

Les femmes sont aujourd'hui contraignables en matière criminelle; autrefois elles ne l'étaient pas pour les dépens adjugés contre elles. Nous trouvons dans Brillon (1) : « Le mercredi 17 mai 1691, à la Tournelle criminelle, jugé que les filles, femmes ou veuves, ne sont point contraignables par corps, pour les dépens adjugés contre elle dans les procès criminels ».

Nous avons vu précédemment que les lois de 1832 et de 1848 avaient introduit des exceptions relatives à la contrainte par corps en ne permettant pas de la prononcer au profit de certaines personnes unies au condamné par des liens de parenté. Ces exceptions relatives s'appliquent en matière criminelle comme en matière civile; l'article 41 de la loi du 17 avril 1832 le dit en termes exprès.

152. — On s'est demandé si les personnes civilement responsables étaient contraignables par corps, en vertu de l'article 52 du Code pénal. Il suffit de considérer les termes de cette question pour comprendre qu'elle doit être résolue négativement. En effet, la condamnation prononcée contre une personne civilement responsable est une condamnation civile. Les juges peuvent faire usage de l'article 126 du Code de procédure et ordonner pour les dommages-intérêts la contrainte par corps contre la personne civilement responsable. Mais alors cette contrainte est facultative au lieu d'être impérative, comme celle qui résulte de l'article 52 précité, et de plus, elle ne peut jamais avoir lieu ni pour les amendes, ni pour les restitutions, ni pour les dépens. C'est donc avec beaucoup de raison que la Cour de cassation a jugé le 18 mai 1843 que « l'article 52 du Code pénal ne s'applique qu'à ceux qui

(1) V° Contrainte par corps.

sont reconnus coupables de crimes, délits ou contra-
ventions et non à ceux qui en sont civilement responsables, lesquels ne sont soumis qu'aux dispositions de
la loi civile ».

A cette règle que les personnes civilement responsables ne sont pas soumises à la contrainte impérative
pour les suites des condamnations criminelles prononcées contre ceux dont elles répondent, il y a une exception dans l'article 46 du Code forestier. Les adjudicataires des coupes de bois sont contraignables pour
les amendes et restitutions prononcées contre leurs
agents. Si on a cru nécessaire de le dire spécialement
ici, c'est qu'ordinairement il n'en est pas ainsi; *Ex-
ceptio firmat regulam.*

153. — Il faut, dans les matières civiles, que la contrainte par corps, pour être exécutée, soit prononcée
par un jugement. En matière criminelle elle a lieu de
son plein droit, c'est ce qui résulte des termes mêmes
de l'article 52 du Code pénal. Lorsque les condamnations pécuniaires excèdent 300 francs, il faut que le
jugement fixe la durée de la contrainte, mais il n'est
pas nécessaire qu'il la prononce formellement.

154. — Voyons comment la contrainte par corps
s'exerce contre le condamné. Si elle a lieu au profit de
l'État, c'est le receveur de l'enregistrement et des domaines qui en poursuit l'exécution cinq jours après
qu'un commandement de payer les causes de la condamnation a été fait au condamné. Dans le cas où le
jugement n'aurait pas été signifié, le commandement
portera en tête un extrait du jugement. L'emprisonnement se fait à la requête du receveur de l'enregistre-

ment, parce que, dès que la condamnation est prononcée, l'œuvre du ministère public est terminée. Seulement c'est le ministère public qui requiert les agents de la force publique de mettre le jugement à exécution, sur la demande du receveur, art. 33, loi de 1832. Le plus souvent on procède contre les débiteurs de l'État par la voie de la recommandation, puisque presque toujours ils sont détenus en vertu de la condamnation criminelle. Dans ce cas, il n'est pas nécessaire qu'il s'écoule cinq jours entre le commandement et la recommandation. En effet, si la détention prononcée comme peine était arrivée à son terme, il aurait donc fallu remettre le débiteur en liberté pendant cinq jours; mais il aurait pu échapper aux poursuites ultérieures, et alors l'État eût perdu le seul moyen qu'il eût peut-être de se faire payer.

Nous avons vu précédemment que l'État n'est pas obligé de consigner d'aliments.

Si la contrainte par corps résultant de la condamnation a lieu au profit d'un particulier, le commandement se fait en son nom. Il pourrait requérir un huissier d'exécuter la contrainte; mais, dans la pratique, quand on veut faire incarcérer un condamné, on s'adresse au procureur impérial pour obtenir l'autorisation d'incarcérer. Sur le vu de toutes les justifications, le procureur impérial donne à la gendarmerie l'ordre d'arrêter. C'est ce qu'a expliqué M. Salmon dans la discussion de la loi de 1848. Si le condamné se trouve dans un cas où la contrainte doit cesser, v. g., s'il est insolvable, c'est au procureur impérial qu'il doit s'adresser, et c'est ce magistrat qui prononce, s'il y a lieu, sa mise en liberté.

Quelles sont les causes qui font cesser la contrainte par corps quand elle a été exécutée, soit en matière civile, soit en matière criminelle? c'est ce que nous allons examiner dans le chapitre suivant.

CHAPITRE XII.

Comment cesse la Contrainte par corps.

SOMMAIRE.

155. — Causes de cessation de la contrainte par corps : 1° Consentement du créancier.
156. — 2° Payement ou consignation légale.
157. — 3° Cession de biens. — Faillite.
158. — 4° La mort civile.
159. — 5° Défaut de consignation d'aliments.
160. — 6° Soixante-dixième année.
161. — 7° Laps de temps fixé par la loi en matière civile.
162. — Laps de temps fixé par la loi en matière de commerce.
163. — Laps de temps fixé par la loi en matière criminelle.
164 — 8° Caution en matière criminelle.

---

155. — Nous avons jusqu'ici examiné toutes les circonstances dans lesquelles la contrainte par corps

peut avoir lieu, nous avons étudié la manière dont elle se met à exécution, il nous reste à indiquer les causes qui la font cesser lorsqu'elle a été appliquée.

Le Code de procédure contient, comme la loi de germinal, une énumération de ces causes ; mais cette énumération est incomplète. Nous allons essayer de suppléer à son insuffisance en réunissant ici toutes les dispositions législatives qui ont trait à la cessation de la contrainte par corps.

1° La contrainte par corps cesse par le consentement du créancier qui a fait incarcérer le débiteur. S'il y a eu des recommandations, il faut que les créanciers recommandants consentent aussi à l'élargissement. Le consentement doit être donné par devant notaire ou sur le registre d'écrou (art. 801, C. procéd.). Le créancier qui a consenti à la mise en liberté de son débiteur emprisonné à sa requête ne peut le faire ensuite réincarcérer pour la même dette, bien qu'il s'en soit réservé le droit, si cette réserve n'a été ni connue, ni acceptée du débiteur (1).

156. — 2° Le payement ou la consignation légale de la somme pour laquelle le débiteur a été incarcéré ou recommandé et des frais d'exécution lui procure immédiatement son élargissement. La consignation se fait entre les mains du geôlier de la prison (art. 798, C. procéd.).

La loi de germinal (2) ajoutait que la contrainte cessait par le payement ou la consignation du tiers de la dette, si le débiteur donnait pour le surplus une cau-

-----

(1) Arrêt de la Cour de Paris, 6 juillet 1826.
(2) Tit. II, art. 18.

tion consentie par le créancier ou régulièrement reçue par le tribunal qui avait rendu le jugement d'exécution. Le Code Napoléon n'ayant reproduit aucune disposition de ce genre, il en résultait qu'en matière civile, le débiteur ne pouvait être élargi que s'il payait ou consignait la totalité de la dette. Comme pour les matières de commerce, la loi de germinal était toujours en vigueur, les personnes incarcérées pour dettes commerciales pouvaient réclamer le bénéfice de cette loi et obtenir leur mise en liberté par le payement ou la consignation du tiers de la dette, bien entendu, en fournissant la caution prescrite par la loi. En 1832, on revint à la disposition de la loi de germinal; mais on en restreignit l'application aux matières civiles, car l'article 24 de la loi du 17 avril dit : « si la contrainte par corps n'a pas été prononcée pour dette commerciale; » de sorte que ce qui avait eu lieu depuis la promulgation du Code Napoléon se trouva interverti. En 1848, on a aboli la restriction de l'article 24 de la loi de 1832, l'article 6 de la loi du 13 décembre 1848 déclare cet article 24 applicable aux matières commerciales. Pour justifier cette disposition nouvelle, M. Durand, rapporteur de la loi, a dit : « On ne doit pas craindre que cette faculté accordée au débiteur porte de la perturbation dans les affaires, car, lorsqu'il est incarcéré, tout le mal causé par son retard est fait, et la facilité qui lui est accordée de se libérer partiellement ne peut qu'être avantageuse au créancier. »

La caution prescrite par l'article 24 de la loi du 17 avril est tenue de s'obliger solidairement avec le débiteur à payer dans un délai qui ne peut excéder une année, les deux tiers qui restent dus.

157. — 3° Le débiteur peut se soustraire à la contrainte par corps par la cession de biens. En effet, l'article 1270 du Code Napoléon dit que la cession de biens opère la décharge de la contrainte par corps. Depuis que dans le droit français la contrainte par corps est considéré comme un moyen de coaction, la cession de biens en opère la décharge. On emprisonne le débiteur parce qu'on présume qu'il soustrait ses biens à ses créanciers et qu'il n'est pas insolvable; en faisant cession de biens, il prouve la fausseté de la présomption de la loi et la réalité de son insolvabilité. Ce serait un acte d'une odieuse inhumanité que d'employer plus longtemps un moyen coërcitif contre le débiteur qui est dans l'impossibilité de satisfaire ses créanciers. La contrainte par corps est une épreuve de solvabilité, à laquelle il ne faut pas recourir, quand la cession de biens est venue démontrer l'insolvabilité véritable du créancier.

La cession de biens n'est pas admise pour les commerçants, ils ne peuvent donc éviter par ce moyen la contrainte par corps. Mais, dès qu'ils ont déposé leur bilan, il cessent d'être contraignables, car le failli est dessaisi de ses biens, il ne lui est pas possible de payer les créanciers. Ce sont eux qui se payent eux-mêmes sur son actif qu'ils ont entre leurs mains.

158. — 4° En matière criminelle, la mort civile est un obstacle à l'exercice de la contrainte par corps, en ce sens que l'État ne peut pas retenir le mort civilement en prison pour le payement des frais du procès criminel qui s'est terminé par sa condamnation. Comment la société pourrait-elle poursuivre en restitution celui qu'elle considère comme n'existant plus, celui

qu'elle vient de dépouiller de tous ses biens, en déclarant sa succession ouverte? Aussi la Cour de Nancy a-t-elle jugé, le 21 novembre 1846, qu'un condamné aux travaux forcés à perpétuité, qui avait été gracié, ne pouvait être contraint par corps pour les frais du procès, et elle a ordonné son élargissement.

159. — 5° Si le créancier n'a pas consigné d'aliments ou n'en a pas renouvelé la consignation en temps utile, le débiteur peut obtenir son élargissement immédiat. Il adresse une requête au président du tribunal du lieu où il est détenu, et il joint à cette requête un certificat de non consignation, délivré par le geôlier. Sur le vu de ce certificat, le président doit ordonner sa mise en liberté (art. 803, Code de procédure). Il n'est pas nécessaire que la requête soit signée d'un avoué, il suffit qu'elle le soit par le débiteur. Elle est présentée en duplicata; l'ordonnance du président est rendue sur une des minutes, qui reste entre les mains du geôlier comme décharge de sa responsabilité, l'autre est déposée au greffe du tribunal (art. 30, loi de 1832).

Si le créancier en retard de consigner des aliments fait sa consignation avant que le débiteur ait formé sa demande en élargissement, cette demande n'est plus recevable (art. 803, Code de procédure).

Aujourd'hui l'article 31 de la loi du 17 avril établit que le débiteur élargi faute de consignation d'aliments ne peut plus être incarcéré pour la même dette. L'article 804 du Code de procédure se trouve ainsi abrogé, et le principe de la loi de germinal restauré. Pour que le débiteur ne puisse plus être arrêté par le créancier qui n'a pas consigné d'aliments, il ne faut pas que la consignation ait été empêchée par la fraude du débiteur. Certainement ce débiteur qui avait adressé à son créancier une lettre de faire part de son décès, afin de l'empêcher de consigner des aliments pour le mois suivant, aurait pu être arrêté une seconde fois pour la même dette (1).

160. — 6° Nous avons vu précédemment que la contrainte par corps ne peut être exécutée contre les septuagénaires. Si le débiteur n'était pas septuagénaire au moment de son incarcération, mais s'il le devient pendant son emprisonnement, il doit être mis en liberté à partir de l'instant où il a atteint sa soixante-dixième année (art. 800, 5°, Code de procédure).

161. — 7° La durée de l'emprisonnement ne doit pas être perpétuelle. Lorsque le débiteur a subi pendant un certain temps l'épreuve de la prison et qu'il ne paye pas, la loi suppose qu'il n'y a pas de sa part mauvaise volonté, mais insolvabilité réelle, et en conséquence elle ordonne sa mise en liberté. La loi de germinal disait (2) que la contrainte par corps cessait de plein droit par le laps de cinq ans. Cette disposition était encore la règle des matières commerciales en 1832, mais, pour les matières civiles, elle se trouvait abrogée par le Code Napoléon, et comme le Code n'avait assigné aucune limite à la durée de la contrainte par corps, il en résultait qu'elle pouvait être perpétuelle pour les condamnations civiles. En 1832 on est revenu au principe de la limitation, mais on n'a pas voulu établir pour tous les cas une durée uni-

<hr>

(1) Troplong, n° 606.

(2) Art. 18, in fine.

forme; en effet, il y a, entre la position du stellionataire et celle de la caution des contraignables par corps, une différence qui ne permet pas de les retenir tous deux prisonniers pendant le même temps; aussi, la loi a-t-elle voulu que le juge pût varier la durée de l'incarcération suivant les circonstances. Elle a seulement établi un maximum et un minimum, qui ont été modifiés depuis par l'article 12 de la loi du 13 décembre 1848 : pour tous les cas de contrainte par corps, le maximum était de dix ans et le minimum d'un an; lorsque la contrainte était facultative, ou lorsqu'elle avait lieu pour la restitution des objets confiés au fermier (art. 2062, Code Napoléon), le maximum était de cinq ans et le minimum toujours d'un an (art. 7, loi de 1832). Maintenant, dans tous les cas, le minimum est de six mois et le maximum de cinq années, aussi bien en matière civile qu'en matière criminelle, aussi bien à l'égard des étrangers qu'à celui des comptables (art. 12 précité). C'est aux tribunaux à déterminer dans leur sagesse la durée qu'il convient de fixer dans chaque affaire. La durée de l'emprisonnement doit toujours être fixée par le jugement de condamnation; mais que décider si les juges ont omis de statuer sur ce point? Il est certain qu'ils ne peuvent pas réparer cette omission par un jugement ultérieur, car l'article 7 de la loi de 1832 dit que la durée doit être fixée par le jugement de condamnation; mais alors faut-il dire, avec la Cour d'appel de Nimes (1), que la contrainte par corps est fixée de plein droit au minimum? La Cour de cassation ne l'a pas pensé, et elle a

____

(1) Arrêt du 8 août 1838.

jugé, le 12 novembre 1838, que le jugement où l'arrêt qui ne fixe pas la durée de la contrainte doit être cassé, et l'affaire renvoyée à d'autres juges, pour être par eux réparée l'omission des premiers. Aujourd'hui la jurisprudence est fixée en ce sens.

Dans les cas où la contrainte a lieu sans jugement, v. g., contre les cautions judiciaires, il faut que le créancier, avant de faire arrêter son débiteur, prenne un jugement qui fixe la durée de la contrainte.

162. — En matière commerciale, on a adopté, en 1832, un système de gradation par lequel la contrainte se trouve proportionnée au taux de la dette. Ce système a été maintenu par la loi de 1848, seulement elle a modifié l'échelle qui avait été établie par celle de 1832, en ce sens qu'elle a changé le rapport qui était établi entre la durée de l'emprisonnement et le montant des dettes commerciales. L'article 4 de la loi du 13 décembre dispose aujourd'hui que l'emprisonnement pour dette commerciale cessera de plein droit après trois mois lorsque le montant en principal ne s'élèvera pas à 500 fr., après six mois lorsqu'il ne s'élèvera pas à 1,000 fr., après neuf mois lorsqu'il ne s'élèvera pas à 1,500 fr., après un an lorsqu'il ne s'élèvera pas à 2,000 fr.; l'augmentation se fait ainsi successivement de trois mois en trois mois pour chaque somme en sus qui ne dépasse pas 500 fr., sans pouvoir excéder trois années pour les sommes de 6,000 fr. et au-dessus. Il résulte de là qu'aujourd'hui on ne peut pas être détenu pendant plus de trois ans pour une dette commerciale.

Pour calculer la durée de l'emprisonnement, il faut considérer le principal de la dette sans aucun accessoire, de sorte qu'on ne peut capitaliser les intérêts pour augmenter la durée de la contrainte. Ainsi a jugé un arrêt de la Cour de Paris rapporté par M. Bravard (1). La dette primitive était de 900 fr.; en y ajoutant les intérêts en retard, on trouvait une somme de 1,133 fr. La Cour a calculé la durée de l'incarcération sur la somme de 900 fr., et elle a décidé que le débiteur devait être libre au bout de six mois, et non pas au bout de neuf mois, comme le soutenait le créancier.

163. — En matière criminelle, les débiteurs peuvent jouir du bénéfice d'insolvabilité s'ils remplissent les formalités prescrites par l'article 420 du Code d'instruction criminelle, c'est-à-dire s'ils présentent 1° un extrait du rôle des contributions constatant qu'ils payent moins de 6 fr., ou un certificat du percepteur de leur commune portant qu'ils ne sont point imposés; 2° un certificat d'indigence à eux délivré par le maire de la commune de leur domicile ou par son adjoint, visé par le sous-préfet et approuvé par le préfet de leur département. Le bénéfice d'insolvabilité consiste à ce que le débiteur insolvable est mis en liberté après avoir subi quinze jours de contrainte, si l'amende et les autres condamnations pécuniaires prononcées contre le condamné n'excèdent pas 15 fr.; un mois lorsqu'elles s'élèvent de 15 à 50 fr.; deux mois lorsqu'elle s'élève de 50 à 100 fr.; et trois mois si elles excèdent 100 fr. (art. 35 de la loi de 1832 et 8 de la loi de 1848). Cet emprisonnement est exigé ici comme supplément de preuve de l'insolvabilité du

______

(1) *Manuel de droit commercial*, p. 808.

condamné (1). Par là se trouve modifié le système du Code pénal de 1810, qui, dans ses articles 53, 467 et 469, fixait la durée de la contrainte par corps suivant la nature de l'infraction commise. Si le condamné avait commis un crime, la contrainte durait un an, quel que fût le chiffre des condamnations pécuniaires ; si c'était un délit, elle durait six mois, et si c'était une contravention (2), quinze jours. Aujourd'hui, en cas d'insolvabilité, la contrainte par corps, si les condamnations pécuniaires n'excèdent pas 300 fr., ne peut durer plus de trois mois, soit au profit de l'État, soit au profit des parties civiles (art. 8 de la loi de 1848).

Si la condamnation est prononcée au profit d'un particulier, il faut que le débiteur fasse juger son insolvabilité contradictoirement avec lui (art. 39 de la loi de 1832).

Quand le débiteur ne prouve pas son insolvabilité, quelle doit être la durée de l'emprisonnement ? Maintenant, la loi de 1848 a parlé : elle a dit, art. 8, § 3, qu'elle serait du double. Le maximum étant de trois mois, elle ne pourra jamais excéder six mois, toujours au-dessous de trois cents francs. Avant 1848, comme la loi n'avait pas statué pour le cas où l'insolvabilité ne serait pas prouvée, on en avait conclu que la durée de la contrainte était illimitée, de sorte qu'un débiteur pouvait être incarcéré toute sa vie pour une dette moindre que trois cents francs, tandis que, pour une dette supérieure à ce chiffre, il ne pouvait être empri-

(1) Cf. n° 34. *Suprà,* le droit des Assises.

(2) L'art. 26, tit. 1er, loi 19 juillet 1791, fixait, en matière de simple police, la durée de la contrainte à un mois pour le condamné insolvable.

sonné plus de dix ans. La nouvelle loi a désormais tranché la question en détruisant cette anomalie.

S'il survient des ressources à un débiteur, précédemment libéré comme insolvable, l'article 36 de la loi de 1832 dit que la contrainte par corps peut être reprise contre lui, mais seulement pour les restitutions, dommages-intérêts et frais, mais non pour les amendes, comme cela avait lieu sous le Code pénal. De plus, la contrainte ne peut plus être reprise qu'une seule fois; l'article 53 du Code pénal permettait de la reprendre indéfiniment. Pour qu'elle puisse être reprise, il faut qu'on ait fait juger contre le débiteur, et contradictoirement avec lui, qu'il est devenu solvable. Comme c'est là une question civile, nous pensons que c'est le tribunal civil qui doit en connaître, et nous trouvons un argument dans ce que l'article 34 de la loi de 1832 établit pour la réception de la caution dont il parle.

Lorsque les condamnations pécuniaires excèdent trois cents francs, l'article 35 de la loi de 1832 ne s'applique plus; il faut recourir à l'article 40, qui dit que, même si le débiteur prouve son insolvabilité, la contrainte ne cessera pas au bout de trois mois : sa durée doit alors être déterminée par le jugement de condamnation dans les limites de la loi. L'article 40, pour le minimum et le maximum, renvoyait à l'article 7 qui, comme nous l'avons vu, fixait pour la contrainte impérative un an comme minimum et dix ans comme maximum. Depuis l'article 12 de la loi de 1848, il faut décider que la durée fixée par le jugement contre le condamné ne peut être moindre que six mois et ne peut excéder cinq ans, car cet article est placé sous la rubrique *Dispositions générales*; il s'applique donc en toutes matières, ainsi que nous l'avons déjà indiqué ci-dessus. Il résulte de là qu'aujourd'hui, en matière criminelle comme en toute autre matière, la contrainte par corps ne peut durer plus de cinq années.

8° Il existe encore, en matière criminelle, un moyen pour le débiteur de faire cesser la contrainte par corps : c'est de donner caution (article 34, loi de 1832). Cet article paraît dire que l'emprisonnement ne peut cesser que par le payement ou le bail d'une caution; ce sens apparent n'est pas le sens véritable, car nous venons de voir que la durée de l'emprisonnement n'est pas indéfinie, si le débiteur ne paye pas ou ne donne pas caution. L'article veut seulement dire que le bail d'une caution produira le même effet qu'un payement. Cette caution doit être reçue par le receveur des domaines, et, en cas de contestation, c'est le tribunal civil qui est appelé à se prononcer sur le point de savoir si elle est bonne et valable. Elle doit s'exécuter dans le mois, à peine de poursuites, mais elle ne peut être contrainte par corps, si le receveur des domaines n'a pas demandé qu'elle se soumît à cette voie d'exécution. Nous savons, en effet, que les cautions des contraignables par corps ne peuvent elles-mêmes être emprisonnées que s'il y a eu une stipulation expresse de contrainte.

TABLE DES CHAPITRES.

Pages

Chap. Ier. De la Contrainte par corps dans l'antiquité
et particulièrement à Rome.   1

— II. De la Contrainte par corps dans l'ancien
droit français.   45

— III. Généralités.   79

— IV. De la Contrainte par corps en matière
civile.   83

— V. De la Contrainte par corps en matière
commerciale.   142

— VI. De la Contrainte par corps en matière administrative.   170

— VII. De la Contrainte par corps contre les
militaires.   178

— VIII. De la Contrainte par corps en droit constitutionnel.   183

— IX. De la Contrainte par corps à l'égard des
étrangers.   192

— X. De l'exécution de la Contrainte par corps.   210

— XI. De la Contrainte par corps en matière
criminelle.   230

— XII. Comment cesse la Contrainte par corps.   239

Imprimerie de A. Guyot et Scribe, rue Neuve-des-Mathurins, 18.

Imprimerie de A. Guyot et Scribe, rue Neuve-des-Mathurins, 18.

www.ingramcontent.com/pod-product-compliance
Lightning Source LLC
LaVergne TN
LVHW012247030726
842520LV00008B/739